El médico en mí

Carlos A. Williams

El médico en mí

argos

PRIMERA EDICIÓN
ARGOS, SEPTIEMBRE 2019

Carlos A. Williams
El médico en mí

ISBN: 978-1691480180

Editorial Argos
Santo Domingo, República Dominicana
Teléfono: (809) 482 4700
email: libros@mail.com

Queda hecho el depósito que previene la ley sobre derecho de autor.

Los libros publicados por Editorial Argos están impresos en la República Dominicana en papel libre de ácidos, y su proceso de impresión cumple con las exigencias requeridas por las asociaciones de bibliotecas norteamericanas y europeas para garantizar su permanencia y durabilidad.

Impreso en Búho, SRL

AGRADECIMIENTOS

Yo bien sé, y reconozco que no le pertenece a ningún ser humano que camina sobre la faz de la tierra el control de sus propios pasos y todo el esfuerzo que ponemos en las cosas de la vida se pierde en el viento, porque al final de la vida nos llevamos menos de que trajimos al mundo. Los seres humanos nos creemos más importante de lo que somos y perdemos de vista que si observamos los animales y la naturaleza podemos aprender a compartir la existencia con todo lo que nos rodea, lo cual en realidad es la mejor manera de existir. El que no construye no tiene derecho a destruir y si no aportamos algo a la vida durante el corto tiempo de nuestra existencia, entonces, no hemos tenido ninguna razón para ser.

Gracias a el Prof. Ismael Hernández Flores quien para mi siempre será Ramón, por sus comentarios, correcciones y colaboración sobre los hechos históricos relevantes de la época, los cuales el no podía pasar por alto debido a su basto conocimiento de la historia nuestra.

El mejor regalo que nadie nos puede dar es la vida misma, la cual nos ha sido regalada y aun así no se la agradecemos a quien nos la dio, que no pide nada por ella, pero que seamos capaces de compartir el tiempo y el espacio que nos toque vivir, sin destruirnos a nosotros mismos, ni a los demás, incluyendo la naturaleza misma.

Por todas estas razones y muchas más, yo le doy gracias a la vida por todas las experiencias buenas, malas, dolorosas y felices porque al pasar por todas las cosas que han tocado vivir, los seres humanos con los que he coexistido, los lugares que he conocido y el aire que he respirado. Yo siempre he tenido mas de lo que en realidad he necesitado y millones de veces más de lo que traje en este viaje hacia mi destino.

Este sigue siendo un mundo maravilloso, en el cual todo sigue igual y por mucho que creemos que hemos progresado, la historia se repite y al final no hay nada nuevo bajo el sol.

De no ser por la colaboración de Gustavo Enriques Díaz, este recuento no se hubiese completado por ahora, además de la parte romántica de este recuento la escribió él, no yo, porque Quique es un cuentista, que se perdió en el camino flotando en el aire de la vida.

Los nombres de todos los seres humanos que han tocado mi vida son más que los que mi memoria me permite recordar no porque no sean importante en mi vida si no porque mi cerebro no es utilizado a toda su capacidad, pero eso no quiere decir que no les agradezca a todos de la misma manera lo que fui y lo que soy.

A nosotros solo nos pertenece el presente, porque lo podemos usar para mejorar el futuro, el pasado no lo podemos cambiar, y preocuparnos solo sirve como tortura.

Gracias.

Carlos A Williams, MD
Mayo, 06, 2019.
South Hill, VA USA

INTRODUCCIÓN

Siempre es positivo que todo ser humano exponga a las generaciones que coexisten con él –o ella– las experiencias más resaltables que le hayan sucedido. Esto es lo que hace mi ex alumno CARLOS A. WILLIAMS, hoy médico destacado, en este trabajo al cual, con suma satisfacción, le hago estos comentarios a modo de introducción.

Tal como lo planteamos en el subtítulo, CARLITOS tuvo que padecer infinidad de sinsabores para llegar a ser lo que es hoy: un médico que ha tenido el mérito de sobresalir en el ejercicio de su profesión en sociedades tan exigentes como son las de las naciones europeas y de los Estados Unidos de Norteamérica.

Es muy correcto que CARLITOS empiece su atinado relato describiendo el lugar que le tocó nacer, el pueblo de Guaymate, que corresponde a la provincia de La Romana, señalando que «una característica, única de La Romana, es la producción de azúcar y derivados de la caña», haciendo notar a seguidas que esa actividad comercial ha sido manejada por los norteamericanos, y por una familia de origen italiano de apellido Vicini.

En el trabajo comentado, el autor destaca la coincidencia, en la zona que integran las ciudades de La Romana, y

9

San Pedro de Macorís, de diversas culturas procedentes de varias regiones de América, Europa y Asia, derivando en un multiculturalismo que le imprime una personalidad social, que la distingue de las demás regiones del país.

Resalta el origen de sus ancestros, preponderando a su abuela materna de nombre Ramona Ramírez de Bois. De la que distingue el bocio en la garganta que le alteraba la voz. Enfatiza luego la agradable sorpresa que le ocasionó la maravillosa vegetación cuando visitó, por vez primera a Samaná, en donde vivía su abuela.

Subraya la mal querencia de sus comarcanos con la dictadura de Rafael Leónidas Trujillo, y expone que ellos, como consecuencia de esa desavenencia quemaron una fábrica de jabón, suceso en el que murió su abuelo materno.

Indica la procedencia de sus abuelos paternos, los cuales ya habían fallecido cuando nació Carlitos. Eran, según dice, de las islas de Saint Kitts y Monserrat. Pertenecientes a las Antillas Menores desde donde emigraron a establecerse en el Ingenio Consuelo, en la región Este de nuestro país, llegando a procrear seis hijos. Pasa entonces a realizar un recuento de la vida de toda su familia y los recuerdos de su infancia.

Se refiere a continuación al pueblo de Sabana Grande de Boyá, a donde se trasladó su familia, subrayando el cultivo de la caña de azúcar de esa comarca. Dice que recibió entre los cuatro y seis años las primeras enseñanzas educativas por parte de su padre. Luego, continúa narrando que a los seis años realizó su ingreso a la escuela, Enunciando privilegiadamente el nombre de sus primeros profesores y condiscípulos; además de sus primeras lecturas.

Quien suscribe estas líneas, comentando el trabajo de Carlitos, recibe una mención, pues, aún muy joven, fui su maestro. Él dice que «los mejores recuerdos en el transcurso de mi escolaridad se originaron en el octavo grado, con el profesor Ramón Ismael Hernández Flores el Ramón no existe en mi acta de nacimiento, solamente Ismael. Termina esa parte de su relato entusiastamente enumerando los nombres de todos sus condiscípulos.

Pasa luego a rememorar su educación secundaria en el Liceo Presbítero Carlos Nouel. Señala al respecto que «en ese contexto, entre agosto y octubre de 1969, estaba listo para la universidad, con toda la documentación académica necesaria para matricularse en ese año, lo cual quizás me ayudó a poder terminar mis estudios de medicina, a pesar de todos los retrasos o vicisitudes personales, políticos y sociales que me afectaron durante la vida universitaria».

Recuerda algunos personajes y su relación con ellos; como Juanito; La Cojita; Elsita; Dagoberto, Don José Gómez y Blacinda, Doña Lala, Don Polito Delgado y otros. Se detiene a explicar, de forma particular la historia de una niña que tenía paralizado el lado izquierdo de su cuerpo y a la vez sufría una cojera; por lo que la define, como dijimos, La Cojita. Refiere los nombres de algunos amigos de entonces –todos fueron alumnos míos– como Felipe Ozoria, Nelson de Jesús Marte, Nelson Gómez, Lolo Hernández, Juancito Tinanina y Quique; a quienes señala como compañeros que hacían serrucho, nombre con el que se identificaba la práctica consistía en hacer pequeños aportes en metálico para comprar bebidas alcohólicas. Destaca la historia de una familia apellidada Gómez.

Sobre ellos, refiere, que «tengo múltiples razones, por las cuales nunca podré olvidar esa historia de Los Gómez, esa familia tenía muchos niños, unos mayores o menores a mi edad, y los más cercanos a mi edad eran Nelson y algunas de sus hermanas». Comenta a seguidas el padecimiento que sufrían al tener los músculos atrofiados.

Dice que no fue hasta que estudió la clase de neurología clínica cuando pudo entender los motivos de esa atrofia, materia que le fue impartida por el Doctor Santoni. También reseña que el estudio de la materia de semiología clínica y neurología impartida por el Dr. Mario Tolentino, le esclareció aún más ese importante entendimiento. Carlitos detalla a continuación, varios casos de enfermos que heredaron sus males y fueron sus vecinos en Sabana Grande de Boyá. Por ejemplo, Gladys, hija de un banilejo que sufría esa terrible enfermedad.

Narra sus contactos con el pueblo de La Romana, a donde dice, que iba a pasar las vacaciones escolares, porque sus hermanos mayores vivían allí. Cuenta la tragedia de Titi y Alfredo, los cuales, según él, murieron por causa del descuido de sus familiares. Nos dice que aun siendo de un tamaño por encima de sus compañeros, heredado de sus padres, nunca usó su fuerza física para abusar, sino, más bien, para ayudar. No pasa por alto sus momentos de romance, en su niñez y casi adultez con Estela Aybar y Rufina; a las cuales dejó de lado según nos cuenta porque «sentía, que tanto Estela como Rufina eran ataduras que me podrían impedir el avance en el objetivo que me había trazado; el cual no estaba en mi mente dejar de lograr aún por el amor de una mujer».

Carlitos ingresa a la Universidad Autónoma de Santo Domingo en el año 1969 y en el relato que comentamos hace un resumen de los sucesos que acontecieron en el país, luego del tiranicidio de 1961, hasta el año de su ingreso a la UASD. Cuenta sus vivencias en el barrio Savica y sus dificultades para poder trasladarse a la universidad; dice que «llegué a la Universidad Autónoma de Santo Domingo, justo unos cuantos meses después de la visita humana a la superficie de la Luna».

Saca a relucir, que una carrera que duraba siete años tuvo que hacerla en nueve debido a la situación política del país y a las precariedades personales. Hizo su graduación en mayo de 1980, luego de un año de pasantía en lugares rurales. La hizo en el pueblo de Cristóbal en Cabral, un pueblito muy pobre, en donde vivió varias experiencias no agradables, junto a su enfermera de nombre Gloria.

Luego trabajó en el municipio de Enriquillo, comunidad costera, de la provincia de Barahona. De ahí pasó a servir en Boca de Yuma, comunidad pesquera ubicada en la región Este del país, desde donde pasó a Santo Domingo sirviendo tanto en el hospital de La Fuerza Aérea en San Isidro, como en la clínica Abel González.

En 1982, Carlitos viaja a Francia para estudiar Neurología, prevalido de una beca otorgada por el gobierno francés; pero la misma no operó por lo que se mantuvo con otra beca de APEC de 150 dólares mensuales. De Francia, una vez terminados sus estudios pasó a trabajar en Estados Unidos con el Dr. Williams Acosta, MD en Pensilvania. El trabajo prometido no fue otorgado por lo que tuvo que pasar una situación con innumerables limitaciones, pero se quedó en Nueva York. Fue maestro de intermedia en el Bronx.

Formó con varios colegas hispanos, la Asociación Hispana de los Profesionales de la Salud, la cual ha durado varios años ayudando a médicos que llegan a esa área de Estados Unidos. Laboró en el Bronx Levano Hospital. Siguió trabajando en varios hospitales y cumpliendo con estudios universitarios, sus conocimientos de neurología «Soy –dice– el primer neurólogo que vino a trabajar aquí de manera permanente, y más sorprendente aún, es el hecho de que ahora, de nuevo, trabajo para el grupo médico del colegio de Virginia, después de 15 años de haber trabajo y creado una práctica médica independiente».

Se lamenta de no haber servido a favor de su gente de la República Dominicana, pero añade como válido consuelo «de manera que puedo mirar hacia el final de mi vida, con la idea, de que el tiempo que he pasado en la superficie de la tierra no sólo ha sido bueno para mí, sino que también he colaborado con otros, y he contribuido a una mejor convivencia, ayudando a la estirpe humana, tanto como me ha sido posible».

Finalmente, toma en cuenta los nombres de todos los que le han acompañado en los afanes de su vida, sus familiares y amigos «Machi, Celia, Víctor Miguel Lory, Jessie, Carlos Augusto, y más tarde –dice– Moses, Minerva, Nelson Gómez y Violines».

Ismael Hernández Flores

LA HISTORIA, DESDE ALLÁ
HASTA AQUÍ Y LOS LUGARES EN MEDIO

He pasado más de la mitad de mi vida, ganándome la existencia, trabajando como médico, tiempo que me parece suficiente para tratar de revisar, como llegué desde allá hasta aquí, y las cosas encontradas en el camino; la experiencia ha sido increíble.

Mis primeros recuerdos comienzan alrededor de cuando tenía dos o tres años de edad; de acuerdo a lo comentado por mi Madre, nací un Jueves entre la 4 y 5 de la mañana, en la parte alta de una casa, situada en la calle principal de un pueblito que aún hoy, sigue siendo pequeño, y dependiendo del cultivo de la caña de azúcar, que como todo proceso agrícola se divide en dos fases el de la preparación o acondicionamiento de la tierra para la siembra, llamado tiempo muerto, y el de la cosecha o zafra, en el cual, la caña es transportada por Ferrocarril hasta el Central Romana, para ser convertida en azúcar y otros derivados comerciables, como la melaza y el furfural.

A través de la historia de la isla Hispaniola, los principales trabajadores (braceros) que se dedican al corte de la caña de azúcar, siempre han sido los haitianos. En la República

Dominicana, los haitianos recién llegados, quienes eran específicamente contratados en su propio territorio para esa labor, y los dominicanos de mayor pobreza y menor oportunidades para sostenerse en cualquier otra actividad laboral.

Guaymate, se ha mantenido como una comunidad pequeña y pobre, a pesar de que ahora es un Distrito Municipal, de la provincia de La Romana, en la República Dominicana.

Las condiciones socio económicas de la comunidad, no han tenido ningún cambio significativo, con la excepción de tener una mejor vía de comunicación con La Romana y las otras ciudades de la región Este del país.

La Romana es y ha sido una comunidad dedicada principalmente a la producción de la caña de azúcar, la pesca semi comercial, y por los últimos 30 a 40 años se ha ido convirtiendo en un importante y activo centro turístico. Desde su inicio, en esta provincia, la actividad comercial ha sido una parte importante de la vida de sus residentes, como lo alude su nombre, éste se debió, a que, en tiempos pasados, se usaba una balanza romana para pesar la mercancía, que salía o entraba por el puerto de la ciudad.

Una característica, única de La Romana, es que la producción de azúcar y derivados de la caña siempre ha estado en poder de intereses comerciales, Norte Americanos, lo cual fue un hecho notorio, si tomamos en cuenta que además de ellos, solo los Vicini, poseían medios de producción, toda vez, que todas las industrias dominicanas eran propiedad de Trujillo y su familia.

Ese status de semi autonomía económica en el desenvolvimiento social de La Romana, también ha sido un factor importante, en la manera que se ha desarrollado la cultura y sociedad romanense y su mentalidad política, lo cual el dictador Trujillo no pasó por desapercibido.

En La Romana y en San Pedro de Macorís, coincidieron varias culturas procedentes de Europa, Asia y de las diferentes islas del Caribe; vinieron puertorriqueños, cubanos, isleños de habla inglesa y franceses, generando, como resultado, una cultura que no seguía la tradicional y dominante cultura española que era la preferida del dictador y su familia.

Los movimientos políticos y laborales, iniciados en esas ciudades, en particular en La Romana, han acentuado, aún más, las diferencias existentes, hasta el día de hoy, con las demás regiones, de un país que ocupa dos tercios de una isla, con dos culturas, creencias y proyecciones políticas bastante separadas o distintas, pero que irremediablemente están condenadas a permanecer unidas, una a la otra, de manera muy semejante a un matrimonio, entre una pareja, en la que una de las dos parte o ambas, se quieren eliminar una a la otra, pero no pueden realizarlo, aunque en el caso del matrimonio ese acontecimiento es algo posible, aún el proceso, sea algo difícil.

Mi mamá nació en un una pequeña población, a la cual se puede llegar en unos 30 minutos, caminando a paso normal, partiendo desde el muelle de la ciudad de Samaná, la casa de mi abuela, estaba en una colina mirando directamente, al frente del camino para la ciudad y la bahía de Samaná, lo cual resultaba en una ubicación ideal, para que todos los que usaban ese camino, pasando por el frente de la casa, fueran nativos de la región o no, eran conocidos de Ramona Ramírez del Bois, quien era mi abuela materna, y conocida de todos los residentes a su alrededor, porque su tarea era saber de todo lo que pasaba en el área, y aconsejar a los que tenían quebrantos, desde el mal de ojos hasta la falta de trabajo; como también si alguien tuvo un mal día en la pesca, o una pobre cosecha, en uno u otro año.

Cuando visité a Samaná por primera vez, el viaje desde Sabana Grande de Boyá, me tomo el día, y llegamos a la casa de mi abuela, cuando ya era de noche, había que viajar de Sabana Grande de Boyá a la Capital, para tomar otro vehículo hasta Hato Mayor del Rey, y de ahí a Sabana de La Mar, donde se abordaba una pequeña embarcación para cruzar la bahía, hasta llegar al pequeño muelle o puerto de la ciudad de Samaná.

La sorpresa de mi vida fue cuando vi que mi abuela tenía una maza de piel movible al frente de su garganta, condición clínica que nunca había visto en mi vida y no tenía idea del motivo de su causa. Con los años, y algo de entendimiento, supe de qué se trataba, lo curioso, es que ella jamás me produjo miedo, ni repugnancia como podo haber sucedido, en ese primer encuentro.

El Bocio que tenía mi abuela, contribuía a producir una voz nasal, que yo no había oído antes, mi abuela se mantenía sentada en una mecedora al frente de la casa, siendo atendida por nativos y familiares que se encargaban de las rutinas diarias de la casa.

Ese viaje fue una experiencia, jamás vivida, en mi corta existencia de vida, porque nunca había visto un lugar similar, con una gran variedad árboles frutales, montañas y una inigualable belleza natural que, en esa época, no tenía la capacidad de apreciar.

A mi abuela la visité unas cuantas veces más, pero no me llevaron cuando ella murió, lo cual hoy imagino fue debido a las complicaciones de su severo hipotiroidismo.

De acuerdo con las historias que he oído en la familia, mi abuelo materno, murió como consecuencia de una explosión en la fábrica de jabón, en Samaná, al mismo tiempo, se quemaron los archivos de la provincia, aparentemente, la excepción fue con los archivos de la iglesia católica de la cuidad, los cuales no fueron afectados por el incendio, que provocó esa explosión.

La gente del pueblo y en el seno de mi familia, decían que ese incendio fue el resultado de una conspiración en contra del tirano Trujillo, porque los habitantes de la comunidad no lo querían a él, o él no quería saber de ellos, porque los samanenses originales, eran una combinación de negros procedentes de diferentes latitudes del mundo, norte americanos que voluntariamente emigraron de los Estados Unidos, antes que ser esclavos y de africanos que después de capturados por los europeos, residían en otras islas, desde las cuales salieron hacia la nuestra, porque debido a su situación geográfica, Samaná, es un puerto natural, de entrada para navegantes del Atlántico, desde África y Europa, como ha pasado desde Cristóbal Colón.

Cuando nací, mis abuelos paternos ya habían fallecidos. Me informaron que éstos, los padres de mi padre, llegaron a la República Dominicana procedente de la isla de Saint Kitts y Montserrat, estableciéndose en el ingenio Consuelo, donde procrearon 6 hijos Antonia, Carlita (mi padre), Clara, Agustín, Belén y Fernando. Cada uno de ellos hablaba inglés y español.

Antonia (Toñita) era la mayor de ellos, de una manera que no conozco, ella se hizo enfermera y fue la primera en adquirir esa profesión, con educación formal, porque ella se educó en Canadá y por muchos años fue la jefa de las *norsas* en el hospital público de la provincia de La Romana.

De acuerdo con los relatos de la historia, que siendo niño escuchaba, la familia entera no comulgaba con el régimen de Trujillo, comportamiento que le acarreó serios problemas políticos y sociales, con las autoridades del jefe, de manera que Agustín, Antonia y Toñita, se cambiaron el apellido y adoptaron el de Martínez, para dominicanizarse y poder sobrevivir, procurando disminuir la presión y persecución política que mantenían sobre ellos los agentes del SIM (Servicio de Inteligencia Militar).

Agustín se convirtió en boxeador, subiendo al cuadrilátero como profesional, en el peso ligero, haciéndose llamar Kid Quintanita, deporte que ejerció por un tiempo muy corto. Luego se dedicó a la ebanistería, muriendo en la capital de un infarto cardíaco, como les sucedió a sus otros hermanos; antes de morir Quintanita tuvo más problemas, con la política dominicana, porque su hijo mayor, Antonio Santos Méndez, fue asesinado durante los primeros años del férreo gobierno del Dr. Joaquín Balaguer.

Antonio, fue baleado el mismo día que balearon a Amelia Altagracia Ricart Calventi de 14 años de edad, ella murió después de ser atendida en los Estados Unidos, más gente en República Dominicana ha oído hablar del caso de Amelia que del caso de Antonio Santos Méndez, quien era estudiante con notas de Cum Laude y al momento de su asesinato cursaba el último semestre de Ingeniería Química. Ellos fueron baleados en frente del Palacio Nacional durante una protesta de estudiantes secundarios y universitarios. El presidente era García Godoy y esto ocurrió en abril de 1966.

Como resultado de ese episodio Agustín y mi padre decidieron salir, unas cuantas noches, en la capital dominicana, y acelerar el fin del camino de unos cuantos uniformados, en las calles, de Santo Domingo.

Fernando (Chambé)) murió en Sabana Grande de Boyá; mi papá y Antonia murieron en La Romana; Antonia, al momento de su muerte estaba completamente demente, mi papá murió de un infarto en medio de la noche, mientras dormía, Clara, vivió toda su vida y murió en el barrio Miramar, en San Pedro de Macorís; quien más años vivió, muriendo en el Bronx de complicaciones hepáticas, fue Belén.

Todos los hermanos de mi padre tuvieron hijos que viven o residen entre Santo Domingo (República Dominicana), Estados Unidos, y Europa; alguno de ellos los he visto muy pocas veces en mi vida, y no los recuerdo, aunque he oído sus nombres; lo mismo pasa con mis primos del lado materno, pero nada de eso es muy sorprendente, porque, aunque no soy demente, todavía, nunca he sido bueno para recordar nombres.

Mis tíos maternales fueron, Bienvenido (Papu), Josecito, (el cojo), Abel, Daniel y Saturnino (el tío Paco) el cual fue de los guardias de polainas de Trujillo y luego policía. Mis tías maternales fueron, Ana Antonia, Selmira y Edelmira.

Todos ellos tuvieron varios hijos e hijas (mis primos), creo que los he conocido a todos, pero no recuerdo todos sus nombres.

Tengo la tendencia a recordar las historias mejor que los actores, comportamiento que tiene su explicación o razón de ser, en la práctica diaria de mi ejercicio profesional, (la medicina) toda vez que como resultado del procedimiento que durante los años que estoy dedicada a ella, tengo como norma recabar el más mínimo detalle de las historias clínicas de mis pacientes, para tomar decisiones en cómo y cuándo tratar sus quebrantos de salud.

MI PRIMERA SOBREVIVENCIA

El cuidado que me dio mi mamá y mi destino determinaron que sobreviviera la experiencia de nacer y pasar mi infancia, sin experimentar ningún estado crítico de salud, lo cual es un evento ponderable, si nos recordamos que estamos hablando de una época precedida por la segunda guerra mundial y en un país que aún sigue teniendo una de las estadísticas de mortalidades infantiles, más altas, en el mundo.

Nacer en la casa, bajo el cuidado de una comadrona, sin atención médica prenatal, y mucho menos post natal, es una de las aventuras más peligrosas que puede vivir un ser humano, ya que, de los animales, somos los más frágiles al nacer.

Los recién nacidos humanos, somos total y completamente dependientes del cuidado que se nos provea antes y después de nacer. A veces este período puede extenderse por toda la vida, o por lo menos durante 5 o 10 años, después de nacidos como ocurre en la mayoría de los casos.

Si miramos a los otros animales, en la naturaleza, la mayoría de los cuales aprenden a caminar, correr y alimentarse,

Mi madrina Cobicita, en Guaimate, La Romana.

en muy poco tiempo, después de nacer, (excepciones, son los Pandas, requieren relativamente, largo tiempo de cuidado maternal), porque si no lo reciben, se convierten en cena o desayuno, de animales más grandes y fuertes.

Sin mi consentimiento, fui bautizado en una Iglesia Católica en Guaymate. Mis padrinos fueron Wilson y su hermana, la cual era conocida como «Cobicita» Bastián.

En mi casa había un pequeño sofá, de dos asientos, de color oscuro, el cual era de madera, que creo era caoba; ese sofá, teniendo dos o tres años, lo usaba como mi carro imaginario, para viajar de Guaymate a La Romana, la cual, como ya sabemos, está a una distancia de unos 20 kilómetros, trayecto que recorrerlo, parecía durar un día entero, para llegar de un lugar al otro, apreciación, que pienso, en estos tiempos ha variado en algo, toda vez que esa vía, en algo, la han mejorado bastante, comparada, con 60 años atrás.

En mi mente divagan los recuerdos, motivo por el cual no puedo precisar con absoluta certeza el desarrollo de los acontecimientos, los cuales débilmente transitan por mi juicio, perdiendo los detalles del desarrollo de los mismos, motivo por lo que no sé cómo ni cuándo, pero de pronto me encontré, en un lugar diferente, un pueblo, más grande, y nuevos adultos, a mi alrededor.

SABANA GRANDE DE BOYÁ

Nos habíamos trasladado a Sabana Grande de Boyá, una comunidad, un poco más grande, con una población más numerosa, con grandes plantaciones agrícolas del cultivo de la caña, conectada con la producción azucarera del Ingenio del Central Río Haina, el cual era propiedad del Gobierno Dominicano, en la persona del Generalísimo Rafael Leónidas Trujillo Molina, Benefactor y Padre de la «Patria Nueva», quien había llegado al poder en 1930, en medio de una conjura en contra del gobierno de Horacio Vásquez, después de la primera intervención Norte Americana del 1916.

Cuando alcancé la edad de los 4 años y hasta los 6 años, mi papá consideró que era tiempo de empezar mi educación formal, con el propósito de que cuando llegara a la escuela oficial, estuviera alfabetizado y por lo menos supiera leer y escribir.

Para lograr ese objetivo, durante gran parte de la mañana y la tarde, permanecía junto a mi padre, recibiendo las enseñanzas educativas que él entendía debía aprender y saber, cuando fuera inscrito en la escuela primaria; durante todo ese periodo, tenía un tiempo para ayudar a mi mamá y no más de una a dos horas por día para jugar con los otros niños de mi edad, hijos de los vecinos de alrededor de mi casa, precisamente en una de esas oportunidades, estando solo, un día, llegó un amiguito, quien vivía a unas cuantas casas de la mía con quien sin saber cómo ni cuándo habíamos creado cierta amistad, recorrimos todo el perímetro de la vivienda, yendo a parar al área de trabajo de la sastrería de mi papá, en donde aún estaban encendidos, en un anafe, unas cuantas brasas de carbón vegetal, (un recurso calorífico que se obtenía abundantemente, en ese tiempo, y que aun hoy se consigue, en zonas apartadas de la región Sur, del país, producido en hornos, preparados con tierra y yerba de pajones cubriendo, con cierto espesor, los troncos o ramas, organizadas en forma de cono, adquiridas de árboles talados furtivamente, en las zonas boscosas, de las comunidades rurales, a los que se les colocaba una mecha, para una vez forrados por completo, encender su interior). Con las mismas se calentaba la plancha, que usaba mi padre, en la sastrería, para planchar las vestimentas que eran terminadas; en éstas, el ocioso amiguito de visita, colocó algo así como un ribete de níquel, que para entonces se empleaban para adornar los laterales de los automóviles, el cual luego de un momento de haberlo puesto en el anafe, la colocó en la cintura de mi costado izquierdo, ingenuamente preguntándome si estaba caliente, como contestación intenté tomar la delgada hoja de metal que él me había tallado, pero al presentir mi intención el osado amiguito, salió corriendo más rápido que una guinea en apuros, a duras penas logré alcanzarlo, sin sufrir gran consecuencia, más que la caída que sufrió al salir huyendo, por la bellaquería que me había hecho. Pasó algún tiempo sin que volviéramos a encontrarnos, pero al juntarnos nuevamente, ninguno de los dos abordó el tema, renovando hasta el día de hoy, la gran amistad, que por ese desaprensivo comportamiento fue estropeada.

En mi casa, la educación era de mucha importancia, y se consideraba mi trabajo principal, el cual era seguido muy

El secador de café en el cafetal de Berto.

de cerca, y considerado, por mi padre, como una prioridad, que no podía evadir, con ninguna excusa.

Después del desayuno, debía ir a sentarme a corta distancia, de la máquina de coser, marca Singer, de pedal, de mi papá, a una distancia, entre él y yo, menor que la requerida, para que, en caso necesario, a él le fuera posible alcanzar mi oreja, cada vez que le diera una respuesta equivocada, o no supiera el abecedario, las tablas de multiplicar, o determinar la diferencia entre dos cantidades.

A los 6 años fui al primer grado escolar, pero mi educación domestica no terminó hasta que yo estuve en el octavo grado.

Mi primera maestra fue Ana Virginia Reynoso (La profesora Negra), en la escuela llamada por nosotros, el Barracón, que era una estructura montada en pilares y completamente de madera techada de zinc, las aulas de clases estaban separadas por paredes o sesto de madera, en las cuales había un pizarrón grande de color verde o negro y creo que el grado máximo, al que llegaba, era el tercero o quinto.

De ese tiempo, yo recuerdo, más que nada, a la Señora Altagracia Ruiz (Tatica) y Ramírez, ellos son los padres de Iris, Mercedita, Tomasita y Luisito.

Tatica era la encargada de darnos «pan de agua con mantequilla y una botella de chocolate» de nombre Trópico, para el desayuno, el cual la mayoría de las veces era para mí, el segundo, provisto gratuitamente gracias al «Benefactor de la Patria».

Ramírez era el señor que limpiaba la escuela, y como uno de los primeros libros de lectura, que era proporcionado por la escuela, tenía como título Tatica y Fellito, dado que él era el marido de Tatica, la mayoría de los niños, como consecuencia, por asociación, le llamábamos Fellito.

Había un profesor de cierta edad, Toñito Figariz, quien era maestro de educación primaria y quien también, me dio clases, Él vivía en la carretera hacia el batey Cojobal, después de la bodega de Don Daniel y antes de la curva hacia el cementerio, creo que el maestro Toñito, daba clases en la Escuelita, una casa más pequeña que estaba más cerca o dentro del pueblo y pegada al cafetal, de Berto Alcántara.

SUBIENDO DE GRADO

Luego estuvimos en la Escuelita, la cual acabo de describir, y en este centro escolar no estoy seguro que tiempo o cursos realizamos, pero recuerdo, que los propietarios del cafetal, cuando el café maduraba, contrataban a algunas personas del pueblo, para que se cosechara o lo que es lo mismo, lo recogieran, quienes a medida que iban tomando los granos, lo depositaban en macutos o alforja que llevaban al cinto y cuando acumulaban una cantidad apreciable lo echaban en unas latas o cubos, que colocaban próximo al área donde se ubicaban, para colectar el café, los cuales una vez llenos llevaban a Don Berto, quien procedía a vaciarlo en un pequeño cajón que servía de unidad de medida para el pago o jornal, todos los granos del café colectado por esos jornaleros o braceros, se vertía en sacos para luego despulparlo y colocarlo en los secadores, consistentes en grandes cajones de madera cubierto de una plataforma deslizable, techada de zinc, la cual desplazaban para dejar al descubierto, el cajón con el café esparcido dentro de su área, para exponerlo al sol, o rodarla nuevamente en caso de lluvia.

Recuerdo, además, a Ernesto Reyna, descendiente de los propietarios de la familia dueña del cafetal, referido en el anterior párrafo, quien, por algún tiempo estuvo recibiendo clases junto a nosotros, antes de irse al Politécnico Loyola,

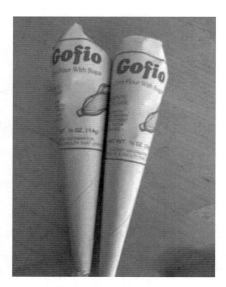
Conos rellenos de gofio

donde estudió agricultura, con Heriberto Hernández (Lolo), a quienes les siguieron años más tardes Andrés Bernal, y Manuel A. Acosta, así como Virgilio Quiñones, los cuales estudiaron tecnología, en la misma institución.

Las fechas se me confunden, un poco, pero los hechos se presentan claros, en mi memoria, sin embargo, esos son eventos más lejanos en el tiempo, y en vista de que en realidad mi propósito es un tanto egoísta, motivo por el cual trataré de concentrarme más en otros eventos, relacionados con mis recuerdos, de los diferentes casos, algunas veces trágicos, de las personas alrededor de mí, adultos o niños.

6TO., 7MO. y 8VO. GRADOS

En el sexto grado mi profesora fue de nuevo la maestra Ana Virginia Reynoso (Negra), para ese entonces, era de la misma estatura o quizás un poco más alto que ella.

Prof. Ismael propiciador de mis mejores recuerdos en la escolaridad.

Al final del año escolar, recibí mis primeras pruebas nacionales y me dieron un diploma por completar mi educación primaria; en ese año, comenzamos a estudiar la historia de las civilizaciones antiguas, Grecia, Egipto, India, China, África y las demás culturas, para lo cual, además del libro de texto usamos unos cuadernillos impresos en Argentina o México.

En ese sentido, por la oportunidad de poder leer el periódico, *El Caribe*, diariamente, sus muñequitos y la edición anual del Almanaque Mundial, pude experimentar cierto privilegio por encima de la mayoría de mis compañeros de clases, pues ese acontecimiento, me permitía estar mejor informado y disponer de datos más recientes y actualizados que ellos. Por otra parte, recuerdo que de las travesuras de esa época lo mejor que hicimos, un grupito de los muchachos de la clase, fue sentarnos en la fila de pupitres en medio del aula, porque el escritorio de la profesora no tenía el frente cubierto y cuando ella se sentaba, distraída, nosotros trabamos de predecir el color de su ropa interior, algunas veces hacíamos apuestas de 5 centavos, y el que adivinaba el color correcto, ganaba la apuesta.

A veces, también usábamos, un espejo redondo, pequeño, que nos lo colocábamos en la punta de los zapatos, y nos parábamos cerca de cualquier muchacha, con la finalidad de ver su ropa interior.

Siempre he sido un emprendedor, con una visión práctica de los negocios. La primera empresa en poner en práctica, siguiendo esa cualidad, fue la de elaborar y vender gofio, explicamos a quienes no saben qué es eso; que el gofio, no es más que maíz tostado hecho polvo con azúcar, el cual se preparaba en un pilón, y una vez pulverizado, llenaba unos conos de papel los cuales vendía, en mi época, a Un (1) centavo cada cono.

Lo bueno y original, de la historia, no es el hecho, de que fabricara el gofio, que nunca vendí directamente, en la escuela; sino que la producción la entregaba a otro estudiante para que la vendiera, a cambio de pagarle el 20% de su venta como salario, es decir que por cada 5 centavos, el vendedor ganaba 1 centavo.

Mi segundo negocio, fue un poco menos original, porque consistía en hacer reparaciones de prenda de vestir, o sea hacer ruedos a pantalones y plancharlos, en la sastrería de mi papa, quien en ese caso se ganaba el 50% de mi producción, lo cual el justificaba en su condición de dueño del negocio, y de todo el equipo que se usaba para poder hacer el trabajo y producir el dinero; además, el pagaba la renta y todos los gastos de mi existencia.

En 7mo. grado, mi maestro fue el profesor Zenón Sánchez Castillo. Desde el principio de ese año comencé a usar el Almanaque Mundial, para preparar mis clases de historia y geografía, lo cual me daba ventaja sobre los demás, en la clase, eso me da fama y razón suficiente para querer competir y discutir con los otros estudiantes y con el maestro.

En ese año, iniciamos los debates en las clases y la práctica de explicar los temas de cada asignatura que estudiábamos, también teníamos que pararnos en frente del aula de clase y el profesor a leer y dar explicaciones.

Sin saberlo, así comenzó mi interés por debatir, explicar y argumentar, los diferentes hechos que diariamente eran de interés general de los demás, como resultado, perdí el miedo de hablar en público o en un escenario cual que fuera.

En un examen, de la materia de sociales, que nos dio el Prof. Zenón Sánchez Castillo, me encontré un problema con otro estudiante, de la clase, porque él quería que le dijera las respuestas de las preguntas, antes de yo completar mi propio examen, le dije que no podía ayudarlo hasta después de llenar mi temario, él no quería esperar y eso me molesto tanto, que lo denuncie al profesor, quien le quito el papel, acarreándole que se quemara, en ese examen.

Él no estuvo muy contento con el resultado alcanzado y me amenazó, de manera tal que pensé lo peor, diciéndome que yo no iba a llegar a mi casa, sin tener que encontrarme con él, en mi camino. Ese encuentro no fue favorable para la anatomía de mi cuerpo y algo desigual, pues dos o tres más, de los compañeros del curso, hicieron causa común con él, quienes conjuntamente acordaron obligarme a ir a un área del cafetal, que se extendía hasta las inmediaciones del edificio de la escuela, sitio a donde por lo general, iban a pelear los estudiantes después de concluir las clases, tratando de evitar los castigos, tanto de las autoridades de la escuela, como de los padres, pleitos que se dirimían a puños limpios, lugar al que llegué a puros empujones, con el agravante de tener que enfrentar no solo a Manuel Sánchez Zambrano, sino a los dos o tres que junto a él, se habían complotado en mi contra, sin más remedio que intentar vender cara mi paliza, tome posición de combate, colocándome en el centro del imaginario ring, en el preciso momento de Manuel, lanzarse contra mí, entendiendo que poseía mejores posibilidades de enfrentarme, mientras los otros aguardaban para atacarme, uno de los compañeros de clase, el mismo con el que recién iniciada nuestra amistad, estampó el ribete en mi costado, que se encontraba como otros más, observando ese enfrentamiento, al tiempo de tirar sus libros y cuadernos al suelo, emitió un grito de guerra y subiendo sus brazos con los puños cerrados, desafío a uno de mis contrincantes, motivo suficiente para terminar la contienda, al parecer ante ese nuevo panorama, Manuel ni sus acompañantes, encontraron buenos argumentos ni suficiente ventajas, para desahogar el enojo que sentían contra mí; luego de esa tempestad, todos fuimos y somos muy buenos amigos, en el transcurso de estos años, dentro y fuera, de la escuela.

Además, en ese año, conocimos al Prof. Vicente Vegazo, quien al igual que Ramón Ismael Hernández, llegó a impartir docencia en la Universidad Autónoma de Santo Domingo.

Los mejores recuerdos, en el transcurso de mi escolaridad, se originaron en 8vo. grado, con el Prof. Ramón Ismael Hernández Flores, y todos los estudiantes del curso, para entonces, habíamos estado varios años en el edificio, de lo que fue la sede del Partido Dominicano, creado por Trujillo para legitimar los 30 años de su dictatorial gobierno, era el edificio más grande, superando al de la Junta Municipal o ayuntamiento, que había en Sabana Grande de Boyá.

Por muchos años, la escuela en el pueblo solo llegaba hasta el 8vo. grado, mis compañeros de curso y yo, con algunas excepciones, fuimos los primeros en poder continuar y terminar la educación secundaria sin tener que salir de la comunidad.

Sabana Grande de Boyá.
Grupo de la Juventud Estudiantil Católia (JEC), 1966.

Los estudiantes de esa clase, que yo recuerdo, eran Nelson de Jesús, Felipe Ozoria Eligio, Matty y Margarita Astacio, Tata, Gertrudis, Gisela y Manuel Zambrano, Ángel Bernal y sus hermanas, Gustavo Enrique Díaz (Quique), Juan Quezada (Tinanina), Antonio Marcial (Romero), Cristina, Grecia Polando. Elsita Delgado, Manuel Adolfo (Adolfito), Tirso Sosa (iso), de Juan Sánchez, Mustafá, Fofito, Eda Ortiz, Virgilio de Jesús Quiñonez, Cesarita, Julito Pequer, Viginia Marmolejo, Chelita Azcona, Antonia, Eloísa Blandino, Estela Aybar, Nego, Maritza, Victoria, Goyita María Brito,

Compartiendo en Yamasá en 1966 junto a miembros
de la Juventud Estudiantil Católica (JEC).

Ramón Severino, Julián Jiménez, es posible, no los recuerde a todos, pero si alguno de ellos, lee este corto recuento de nuestra historia, y advierte ese olvido, anticipadamente le pido perdone mi falta de memoria, toda vez que la no mención de uno u otro nombre, no es que no los quiera a todos, sino efectos de los años transcurridos, que no perdonan.

LA EDUCACIÓN SECUNDARIA

Durante esos años, vivía con la impresión de que yo aprendía rápido y podía retener y procesar información, sin problema, sin tener calculadoras, computadores ni televisión; en mi casa, nunca hubo televisión, veía televisión, en blanco y negro, cuando iba a la casa de Doña María y Don Nico, quienes criaron a mi Hermano Ramón Medina (Momón).

Mi clase, fue la primera del Liceo Secundario, Presbítero Carlos Nouel, en Sabana Grande de Boyá, que no tuvo que salir del pueblo, hasta cuando salimos para la universidad.

Elsa Delgado, una de mis compañera en octavo curso.

El profesor, Franklin García, era el maestro de Matemática y Física, Víctor García, su familiar, era el maestro de Química, mi interés se fue hacia la biología y la química orgánica, a la misma vez que me gustaban los asuntos sociales, de manera que al principio creí que iba a ser abogado, luego me percaté que tenía limitaciones, para mentir, ya fuera a un público o una sola persona, y voluntariamente decidí ser médico.

Las materias en las que confronté más problemas fueron Álgebra y Física, entendía bien la Geometría y la Trigonometría, siendo mis mejores clases las Ciencias Naturales y toda otra asignatura, que se impartiera, con pocos o ningún ejercicio de repetición, quizás porque siempre he sido haragán o imperativo, comportamiento que me impedía concentrarme, por mucho tiempo.

Sin embargo, cualquier tema que aprendo, se me hace más fácil cuando la finalidad de dominarlo es explicárselo a alguien, frente a frente o directamente, habilidad que pienso se explica o está basado, en mis aventuras como estudiante.

Debo confesar que soy mucho más persistente que inteligente, condición que asumo me da la capacidad, en mi habilidad de comprender o aprender, cuantos temas y disciplinas decido investigar o estudiar, con los años, la fuerza de la facultad de ser persistente disminuye y nos hacemos menos inteligentes.

La educación secundaria, la concluí en unos tres años y medio, realizando el primer, segundo y tercero, en el tiempo ordinario o normal, pero para el verano del 1969 año en que terminé el tercero, junto a varios de mis compañeros, que habíamos acordado presentar el cuarto en vacaciones, si lográbamos liberar todas las materias del tercero, procedimos a solicitar la condición de estudiantes libres en ese verano, con el propósito de recibir los exámenes de las materias, correspondiente al programa del cuarto curso, antes de que finalizara ese año escolar, deseo que logramos materializar, con la aceptación de nuestra petición, dando paso a dos meses de intensos estudios, en los que acostarse tarde y madrugar, se convirtió en una rutina cotidiana, para estar adecuadamente preparado al momento de recibir esos exámenes.

En ese contexto, en agosto u octubre de 1969, estaba listo para ir a la Universidad, con toda la documentación académica necesaria para matricularme en ese año, lo cual, quizás me ayudó a poder terminar mis estudios de medicina, a pesar de todos los retrasos o vicisitudes personales, políticas y sociales que me afectaron durante la vida universitaria.

LAS HISTORIAS MÉDICAS, ANTES DE LA ESCUELA DE MEDICINA

LA PAPERA

Antes de hablar de los demás, quiero exponer mi primer recuerdo en la época, que sufrí una infección de «Papera» o parotiditis (inflamación de las glándulas salivares, la más grande de la parótida), en ese entonces, yo debía tener de 4 a 5 años. Como la Papera es altamente contagiosa y experimenté una fiebre muy alta, creo que duré como una semana, sin salir de la casa, o levantarme de la cama, lo cual de por sí, para mí, pudo ser un problema complicado, por el hecho, de que la fiebre alta me dio delirio y escalofríos.

Peor que todo eso, es que recuerdo haber sentido dolor en los testículos, y una orina bien oscura, estado que llevo a mi mamá a preocuparse, pensando que se me había bajado la papera, procediendo a colocarme hielo, en todo el escroto, tratando de disminuirme el dolor y la inflamación, procurando evitar mi esterilidad, y que luego no pudiera tener hijos, los nietos que toda madre y padre espera recibir de su descendencia.

Lo curioso del caso, es que todo lo que ella decía, en ese momento, luego aprendí que era cierto, y que en realidad el virus de la Papera es altamente contagioso y ocasiona esterilidad como resultado de la inflamación testicular.

La mejor experiencia de ese episodio es que en la casa del lado derecho de donde vivíamos, residían Doña Inés y Don Ramón, quienes tenían una niña de mi edad llamada Miguelina, aparentemente, Miguelina y yo nos hicimos más amigos, que lo que esperaban nuestras madres y esa cercanía, aparentemente, generó cierto revuelo entre ellas.

Miguelina, tenía una hermana mayor llamada Casilda, su hermano era Pápalo quien estuvo en la escuela al mismo tiempo que yo, Casilda, su hermana fue profesora, y su hermano, Pápalo, si la memoria no me engaña, no duró mucho tiempo en la escuela, el papá de ellos, Ramón, trabajaba construcción o en Obras Públicas.

EL CASO DE JUANCITO

De todas las vicisitudes que puedo recordar, vividas en mi niñez, la más traumática y de mayor impacto, quizás por el bajo nivel de entendimiento, que poseía, en esos primeros años de existencia, limitación que posiblemente afecte, por igual, a todo niño de corta edad, fue la protagonizada por Juancito, presenciada dramática y directamente por mí. Él era 1 o 2 años menor que yo, o sea que él debía tener de 2 a 3 años, a mis 6 años, pero parecía pequeño para su edad, porque aunque el creció y comía normal, en el primer año de su vida, después de esa edad, él vomitaba todo lo que comía, con excepción de los líquidos, los cuales él podía tolerar, al principio de su problema, pero a medida que pasaban los días, se le hizo más difícil y sólo retenía los líquidos por corto tiempo, luego vomitaba todo lo que un niño debe necesitar, para desarrollarse.

Juancito murió como un pequeño esqueleto, cubierto de piel, con ojos muy grandes y la expresión de quien nunca consiguió, la ayuda salvadora que esperó toda su vida, durante su efímera permanencia en este mundo.

Lo peor del caso, es que Juancito murió sin deber morir, por un problema de solución muy simple.

Mi mama, quien era la consolación de Juana, su madre, le sugirió que lo llevara a la ciudad a buscar ayuda en uno de los hospitales públicos, en la capital, pero no estoy seguro si sus padres atendieron o no, el consejo de mi mamá.

La capital está a unos 90 kilómetros de distancia, y por el pasaje de ida y vuelta, se pagaba la suma RD$2.00 (dos pesos). El desesperante drama vivido por Juancito, nunca se borró de mi cerebro, del cual después de unos 15 o 20 años, más tarde, supe el nombre o causa del quebranto que terminó; con la tierna existencia de Juanito, para entonces, era muy tarde para los dos.

Juancito murió de Estenosis Pilórica, con lo cual el nació, quebranto que es muy simple de corregir y reconocer, y no debe ser una razón de muerte a destiempo, pero lo fue para él.

Mi dolor, sentimental nunca ha desaparecido completamente, aunque no puedo decir que me sienta culpable, por tener más suerte que él, quizás responsable por no haber podido ayudarlo a morir más tarde, pero para entonces ni aún mis padres tenían idea de que iba a terminar siendo médico.

La verdad es que, aunque el caso de Juancito puede no ser el único, que encontrara en mi existencia, es el que más trastorna mi recuerdo, porque lo siento como el más penoso y doloroso.

Juancito era el mayor de 3 niños en su familia, los otros, los recuerdo menos, como quizás ellos no me recuerden. Pienso que sus padres murieron hace mucho tiempo y a lo mejor, soy de los pocos seres que se recuerda de que existieron, el día que yo muera será la segunda muerte de Juancito porque nadie más lo recordará.

LA HISTORIA DE LA COJITA

Debo decir que mi memoria no sigue el orden cronológico de los eventos, y como humano que soy, voy a contar el cuento a mi manera, siguiendo el orden de mis recuerdos.

Esta niña fue, si no la primera, una de las primeras personas que conocí que tenía una hemiplejía adquirida antes o al tiempo de nacer; su padre era Juan Santana, no sé el nombre de la madre; ellos tenían una familia de varios hijos, unos jóvenes adultos cuando los conocí.

La niña, que era una joven adolescente, tenía Hemiplejia o parálisis del lado derecho, resultado de daño al lado izquierdo de su cerebro, afectando la arteria cerebral media de su cerebro izquierdo. Tenía el lado izquierdo paralizado y atrofiado, comparado con el lado derecho de su cuerpo, y caminaba en la punta de los dedos de su pie izquierdo, tratando de balancear su postura, su lado derecho parecía normal, el habla, la audición, y la visión eran normales, pero su comportamiento era un poco anormal, y su inteligencia me parecía por debajo de la del resto de nosotros.

Sin embargo, la razón por la cual la recuerdo es porque fue la primera persona que vi teniendo un episodio convulsivo. Obviamente, ella no era tratada con ningún medicamento para prevenir las convulsiones, y estoy seguro de que, a la fecha, no ha recibido un diagnóstico claro, de su padecimiento.

Desde hace muchos años aprendí que la causa más probable del problema era que había sufrido un accidente cerebro vascular, antes o alrededor, del momento de su nacimiento, afectando el área de la arteria cerebral media de su cerebro derecho, produciendo una lesión permanente y como secuela las convulsiones, y los problemas de conducta e intelectuales.

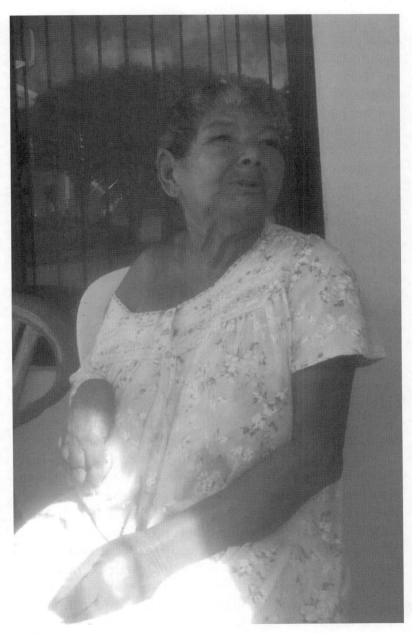
Iris (La cojita) Sabana Grande de Boyá, 2018.

Lo peor del caso, no era ni es su mala fortuna; más bien los adultos, ignorantes alrededor de ella, que la maltrataban o aún maltratan, se reían y ríen de ella, como si su problema fuera el resultado de algún experimento que ella decidió realizar voluntariamente y le salió mal; a estas alturas en que, quienes pudieran tener alguna preocupación por el estado de ella, se comportan indiferente; asumiendo la situación como un hecho consumado frente al cual nada es posible hacer. No se cuál será el final de la historia de su vida.

La familia de la Cojita vivía en una casa en frente de la de «Vilico» y a uno de los recodos del parque; cerca del lugar, donde la banda de música municipal tocaba los domingos, temprano en la noche, la retreta, presentación que aprovechábamos, caminando alrededor del parque, cortejando a las muchachas.

Para mi gran sorpresa, durante mi reciente viaje a Sabana Grande de Boyá, (22-23 de octubre, 2018) vi a Iris, la cojita, quien aún está viviendo en la casa donde ella creció, no sé quién la cuida, pero ella, según noté, se ve muy bien.

Luego de las retretas nos reuníamos, en el bar de Don Polito Delgado, El Jovial Bar Club, frente al teatro María, propiedad de Gabriel Urraca, o frente al parque, en el bar de Colí, el fotógrafo de todo acontecimiento importante que ocurriera en el pueblo, que luego fue de Cimiñico.

Nos reuníamos Felipe Ozoria, Nelson de Jesús Marte, Nelson Gómez y algunas veces Lolo (Hernández), Juancito Tinanina y Quique, para hacer un serrucho, (modalidad, que consistía, mediante el aporte de una parte o de todos los integrantes de un reducido grupo de amigos, reunir la suma de dinero suficiente para realizar una actividad o adquirir los bienes necesarios para lograr materializarla), por lo regular, el aporte individual, no superaba los 25 centavos, con el total del dinero reunido, comprábamos una coca cola y una botella de ron, que generalmente nos duraba hasta la hora de irnos a la casa.

A veces Dagoberto Hernández, quien era propagandista de la casa Brugal, nos regalaba una botella de Brugal blanco, aporte de que nos permitía extender las celebraciones de los domingos hasta las 11:00 PM.

La otra persona que conocí que tenía una hemiplejia derecha, fue Elsita Delgado, la hija de Don Polito Delgado. Elsita y yo estuvimos en el mismo curso, por varios años, la recuerdo, como una excelente estudiante de inteligencia y comportamiento normal.

Ella fue a la Universidad, pero no tengo conocimiento que ha sido de su vida, Elsita, permanece en mi memoria como una de las personas, más dulces, que yo conocí en esa época de mi vida, a pesar de que no la he visto desde que salimos hacia la universidad.

LOS GÓMEZ

Entre las historias trágicas que he conocido, ninguna se compara con la de los Gómez.

Esa era una de las familias con más niños, de las que vivían en la misma vecindad, en esa época; los padres, o sea los cabezas de familia, eran originarios del Cibao, Don José Gómez, y Doña Blacinda eran sus nombres.

Don José, conducía un camión marca Mack, que le llamaban tráiler (los camiones de Trujillo, que por lo general jalaban de uno a dos vagones) utilizado para transportar caña de azúcar, desde los diferentes tiros de caña, habilitados en los bateyes, hasta el triple de Sabana Grande de Boya, lugar donde por medio a las grandes grúas que habían colocadas, la descargaban a los vagones de transporte ferroviario, que eran traído vacíos desde el ingenio Haina, y una vez cargados, eran movidos nuevamente por las grandes locomotoras, para su molienda hasta el Ingenio; al igual que el Triple, en otros lugares, se construyeron terminales de la vía férrea, donde también eran llevados los vagones vacíos, que a diferencia del Triple, no estaban mecanizados, y el estibamiento de la caña, en estos vagones, que era transportada por las carretas, tiradas por bueyes, se hacía manualmente, hasta llenarlos por completo, momento en que eran movidos o trasladados hasta Haina.

Los camiones Mack, o tráiler, fueron importados a la República Dominicana, como parte de los negocios entre «El Benefactor de la Patria» y los americanos que inicialmente lo sostuvieron en el poder, hasta que su delirio de grandeza lo llevo a creerse más grande que al resto del mundo; pero nada de eso se relaciona con la historia de los casos de Don José Gómez y sus hijos, solo por el hecho de que el conducía uno de esos vehículos, los cuales en el «tiempo muerto» eran también usados para transportar la masa humana de los haitianos a otros lugares, incluyendo su país, todos parados con un espacio, entre uno y otro, que a duras penas les permitía mantener el balance y mantenerse respirando, hasta el lugar a donde eran llevados.

Tengo múltiples razones, por las cuales nunca podré olvidar esa historia de Los Gómez, esta familia tenía, muchos niños, unos mayores, o menores a mi edad, y los más cercanos, a mi edad, eran Nelson, y algunas de sus hermanas.

Los más curioso, de todo esto, es que tanto los varones como algunas de las hembras parecían pequeños gigantes, con músculos semejantes a los de un pequeño Hércules, Las piernas y brazos con músculos hipertrofiados, y curiosamente, caminaban en la punta de los pies, y corto tiempo después, no podían correr, como todos los otros niños de su edad.

Antes de llegar a los 12 años de edad, no podían caminar, usaban una silla de rueda, y a pesar de tener los músculos hipertrofiados, no tenían fuerza para pararse y mover los brazos o sus piernas y mucho menos soportar el peso de su propio cuerpo, un poco más tarde, los músculos se atrofiaban, y nunca llegaban a ser adultos independientes.

Tengo gravado en la memoria, que por lo menos tres (3) de los varones murieron con este problema, y por lo menos dos de las niñas tenían la misma configuración física, en cambio, las niñas no presentaban ningún problema caminando, no sufrían caídas, y crecieron a la adultez.

Sin embargo, algunas tuvieron problemas, porque algunos de los niños que tuvieron, heredaron los mismos problemas de sus hermanos o sea los tíos, de sus hijos.

Por años, ese desastroso cuadro o drama, se mantuvo en mi pensamiento sin poder entenderlo, hasta que llegué a mi clase de neurología, en la escuela de medicina de la Universidad Autónoma de Santo Domingo.

En ese año recibí clase de Neurología Clínica, la cual estaba dividida en una sección teórica y una sección de práctica clínica.

La parte teórica eran clases impartidas por el Dr. Santoni, en el hospital Dr. Francisco Moscoso Puello, para entonces, el Dr. Santoni, era uno de los pocos dominicanos que habían recibido entrenamiento en Inglaterra, y en USA.

La semiología y clínica neurológica las recibí con el Dr. Mario Tolentino, en el hospital Dr. Salvador Gautier.

El Dr. Tolentino fue el primer médico dominicano que recibiera entrenamiento en la Salpetriere, el hospital donde nació la Neurología moderna organizada por Jean Marie Charcot, durante la segunda parte del siglo XIX, en París de Francia.

Sin saberlo, en ese entonces, tuve el privilegio de recibir mis clínicas neurológicas con los mejores neurólogos de la república, con reputación internacional, y con los mejores entrenamientos entre los médicos dominicanos de su época, por lo cual tuvieron una gran influencia en todas las generaciones de estudiantes de medicina en la Universidad Autónoma de Santo Domingo y el Caribe.

En esa época aprendí, que los Gómez, sufrían de la enfermedad de Duchenne de Boulogne en un cromosoma x, la cual es una enfermedad hereditaria de forma ligada al cromosoma X, generalmente transmitida por la madre, a los hijos varones, y las hijas pueden ser portadoras de la enfermedad, y transmitirla a su vez, a sus hijos, o tener diferentes mutaciones de la enfermedad.

Lo más curioso fue que durante las discusiones en la clase, yo le describí la familia Gómez al Dr. Santoni quien, a su vez, me dijo que él fue el médico, quien diagnosticó la enfermedad, en la familia, y conocía la historia de todos ellos.

Desafortunadamente en esa época y por muchos años el único tratamiento eran los esteroides, y tratamiento sintomático, motivo por lo cual todos ellos morían alrededor de los 20 años de edad, en el mejor de los casos.

Creo que ellos eran 5 varones de los cuales 3 no heredaron la condición, 2 hermanos fueron afectados.

Las niñas, dos de ellas eran portadoras de la enfermedad. El más joven de los hermanos no afectados fue mi compañero de clase hasta que llegamos al primer año de la educación secundaria cuando él se trasladó como inmigrante, mucho primero que yo, de manera que cuando yo llegué a los Estados Unidos en 1987, él fue mi tabla de salvación, porque me dio la oportunidad de trabajar en su tienda de lavandería, usando lo que me enseñó mi papá, cociendo y haciendo reparaciones de pantalones, para los clientes de su lavandería, y pagándome más de lo que él hubiera pagado a cualquier otro trabajador.

Tengo una deuda eterna de agradecimiento para con la familia Gómez en la persona de Nelson y su hermano Joseíto Gómez, su familia, y sus hijos.

JOHNNY

En el transcurso de mis diez (10) y doce (12) años de edad, veía un adolescente de unos catorce (14) a diecisiete

(17) años de edad, que se había desarrollado con dificultad para hablar, caminar, comprender el lenguaje simple, y una conducta y babeo incontrolable. A mi parecer, él nació con una hemiplejía derecha, y en su cara había unas lesiones duras, redondas, de color algo más oscuras que el resto de su piel.

En ocasiones Johnny, sufría un colapso, que provocaba su caída al suelo, provocando que se golpeara todo el cuerpo, experimentando, por varios minutos, fuertes convulsiones; luego de esos episodios, su confusión era peor, hasta que se recuperaba y orinándose, volvía a su estado normal, de funcionamiento biológico social.

Doña Lala, su madre, constantemente andaba detrás de él, buscándolo en las casas de los alrededores de donde ellos vivían, porque frecuentemente se escapaba y corría por las diferentes calles del pueblo sin rumbo definido, y por lo general la gente no lo rechazaban, porque lo consideraban un anormal.

En el país, y mucho menos en Sabana Grande de Boyá, que para esa época apenas iniciaba sus actividades de comunidad organizada, no había escuelas para entrenar a Johnny, y el único lugar para atenderlo y tenerlo, era con su familia, no sé por cuantos años Johnny vivió, y no lo volví a ver después que salí del pueblo, para ir a la Universidad.

Él tenía una hermana, Miriam y un hermano, Porfirio al que todo el mundo conocía como Fidel Mejía un gran ser humano, jugador de pelota y buen estudiante, que se graduó de médico, especializándose de Ortopedista, llegando a ser presidente de La Asociación Médica Dominicana (AMD) capítulo del distrito nacional. Para el tiempo en que inicie mis estudios, él estaba terminado, sus estudios universitarios en la escuela de medicina.

La razón por la cual, sigo recordando el caso de Johnny, es porque en mi clase, de neurología descubrí que su diagnóstico era Tubero Esclerosis o enfermedad de Bonneville, lo cual en su caso pudo haber sido una mutación genética, la cual, que yo sepa, lo afectaba únicamente a él, en su familia.

Hasta este momento no existe cura para la Esclerosis Tubular, pero es reconocida o diagnosticada más fácilmente, y los problemas comunes de esa enfermedad, son tratados, mucho más efectivamente.

EL CASO DEL BANILEJO

En el pueblo había una familia que tenía una panadería, conocida como la panadería de Baní, el Banilejo, en mi mente se mantiene el nombre de Negrita, la mujer de Francisco el Banilejo; ellos tenían una hija, llamada Gladys, quien imagino era hija de Francisco, pero no de Negrita, o quizás lo contrario.

Gladys tenía algún tipo de deficiencia intelectual, la cual no le permitía tener una educación regular como los otros niños de su edad, no sé la razón de esa deficiencia intelectual, aunque ella también presentaba problemas con su comportamiento y frecuentemente manifestaba cambios en el temperamento de su carácter, aunque no parecía estar enferma, físicamente.

No estoy seguro si Gladys sufría de Epilepsia o no, pero era claro que adolecía de incapacidad intelectual y de un comportamiento anormal, aparentemente congénito o prenatal; tampoco sé que condición tenía, pero la recuerdo porque, luego llegaron al pueblo otros miembros de la familia de Francisco (Baní).

Entre estos una hermana, que tenía un hijo, quien al momento de llegar a la comunidad, posiblemente alcazaba la edad de dieciocho (18) a veinte (20) años, a estas alturas del tiempo no recuerdo su nombre, pero si su historia, porque él fue la primera persona en yo conocer, que en principio mostraba un comportamiento e inteligencia, que parecía normal para su edad y educación, pero que vivía expresando ideas, cargadas de alucinaciones, o con delirio de persecución, a veces agitado, aunque nunca lo vi manifestando, ningún signo de agresividad, como tampoco con actitud suicida o intención de eliminar a otra persona.

Para entonces creo que me encontraba cursando el sexto o séptimo grado, y a su llegada a la escuela, ese joven fue inscrito junto conmigo y Nelson, quien era su hermano o primo hermano, pero él, nunca estuvo en la escuela durante mi época de educación de la intermedia a la secundaria.

Basado en los conocimientos adquiridos en la Escuela de Medicina y la experiencia acumulada a lo largo de mi ejercicio profesional, tengo la impresión, por el comportamiento de su conducta, que ese jovencito tenía esquizofrenia, con delirio paranoico, o quizás una combinación de esquizofrenia y desorden bipolar; no sé el resultado final de su vida, y Nelson el banilejo, creo que dejo la escuela o se mudó del pueblo, la última vez que supe de él, residía en Nueva York.

LA ROMANA

Vivía en Sabana Grande de Boyá y viajaba a La Romana, durante las vacaciones de la escuela o si se presentaba la necesidad de tratar algún asunto familiar, porque mis hermanos mayores vivían en La Romana, también otros familiares de mi mamá residían allí.

Los personajes que menciono en este relato no eran personas de mi edad, pero amigos de mis hermanos.

Mi hermana Diana se casó con Alfredo Hughes procreando dos hijos, Wilfredo y Dennis, mis sobrinos, poco antes de que Alfredo muriera de manera inesperada.

EL CASO DE TITI

Titi, casi no la recuerdo porque ella era amiga de mis hermanos, y mayor que yo, pero su historia se quedó en mi cabeza por el inesperado y trágico final de su vida, y lo simple que hoy me parece que se podía haber evitado su desafortunada muerte, hecho aún latente en mi mente, pues fue una tragedia, resultado de falta de conocimientos básicos, de simples principios generales de fisiología, Ella murió en el hospital del Central Romana.

TITI Y ALFREDO

La historia de estas dos personas, que conocí, es un poco diferente porque ellos vivían en una ciudad más grande y a lo que en aquel entonces parecía ser una gran distancia.

Titi: yo no recuerdo su nombre real ya que ella murió antes de tiempo, hace unos 50 años atrás, y ya no conozco a nadie que la conociera a ella, y mucho menos creo que recuerden de su existencia.

Ella vivió en La Romana, y era amiga de mis hermanos mayores que eran sus contemporáneos. A mí solo me quedan recuerdos vagos de su presencia, lo que más recuerdo de ella es que era joven, elegante y muy amistosa, cuando murió, yo no estaba en La Romana, pero la razón de su muerte fue el resultado de una anestesia mal aplicada, para practicarle una simple cirugía, usando un bloqueo epidural, pero resultó que el agente de esa anestesia afectó los músculos respiratorios y ella murió debido a un paro respiratorio producido por la anestesia espinal la cual cuando es bien manejada no debe resultar en ningún daño.

En mi apreciación Titi tenía poco más de 20 años de edad, cuando murió, de manera sorprendente, no sé por qué recuerdo la historia, quizás porque ahora que entiendo cómo y la razón de su fallecimiento, me resulta difícil de aceptar, y lamento su muerte a destiempo, pues siempre es doloroso, cuando alguien muere sin alcanzar, lo máximo que la vida podía haberle dado.

Una tragedia con resultado similar, aunque no igual le sucedió a Alfredo, el cual se había casado con mi hermana Diana. Él trabajaba como ayudante de conductor de trenes que movían la caña de azúcar, desde los distintos lugares de cosecha o corte, hasta el central azucarero Romana.

Su historia está relacionada con una apendicitis aguda, la cual se rompió dentro de su abdomen ocasionándole una septicemia, torpemente tratada, terminando inesperadamente su corta vida.

Durante la parte aguda de su enfermedad él fue trasladado desde La Romana a San Pedro de Macorís, para ser operado por el Dr. George, un refugiado de Alemania de la Segunda Guerra Mundial, quien era considerado el mejor médico de su época, en la región Este de la República Dominicana

Estas historias, aun cuando no hago ningún esfuerzo para recordarlas, porque me parecen trágicas y al mismo tiempo singulares, han penetrado mi memoria y aun no se desvanecen o escapan al infinito, del olvido, en cambio permanecen en el subconsciente de mi ser, como etéreos fantasmas tratando de arrastrarme, una veces a un espacio sin esperanzas, donde todo termina igual y otras veces a un mundo de permanentes soluciones, en busca de diferentes alternativas, para lograr las cosas, como resultado del esfuerzo y la investigación, camino que seguiré contra toda poderosa inercia, aún ésta esté enraizada en las entrañas de mi ser.

No me siento en condición de producir ninguna explicación lógica para comprenderlo, solo que quizás, la razón sea que mi misión es mantenerlos a ellos con vida, porque en mi estado racional creo que alguien realmente muere cuando todas las otras personas que lo conocieron durante su vida dejan de existir o de recordarlo, entonces dejamos de existir de manera permanente teniendo una segunda muerte.

Por igual, tengo la percepción que un ser humano deja de existir, cuando todo el mundo olvida su persona o nombre, o simplemente vejeta sin ofrecer alguna contribución, positiva o negativa a la humanidad.

Estos son los detalles dispersos que recuerdo de mi existencia, al momento de iniciar mis estudios universitarios, estoy seguro de que a través de los años he perdido muchos eventos, los cuales en esa época posiblemente fueron importantes, no mencionarlos o recordarlos, no les quita su importancia, pero los seres humanos somos así, tenemos una memoria muy corta sin tener intención de ignorar o subestimar los hechos del pasado.

DESTELLOS DE ALEGRÍA

Por el contenido de los temas, hasta ahora presentados, de la evolución de mi existencia, todo quien los leas, posiblemente piense que soy una persona, sin regocijo o que alguna vez pudo sonreír y ser feliz, cargada de traumas y horrores que atormentado navega en el pasado de hechos catastróficos e insolubles, al acecho de una brecha del túnel del tiempo procurando volver hacia ese espantoso mundo lleno de pesadillas y sobresaltos, a causa de los impactantes y sombríos episodios ya narrados, iniciados con la muerte de Juancito, mi abuelo materno, el padecimiento de Iris y de los Gómez, Johnny, las causas inexplicables de las muertes de Titi y de mi cuñado Alfredo.

Intersticio por el que penetraría a ese escabroso laberinto, como ángel alado dotado de las fórmulas y poderes divinos necesarios, para retroceder en el tiempo y resolver cada uno de esos lacerantes y penosos dramas, de anticipados decesos, incubados en la pobreza y negligencia de familiares y de los médicos tratantes, de los fallecidos; en vista de que esas elucubraciones trascienden a lo místico e interesado, mientras me sea posible, evitar la repetición de esos horripilantes hechos, estoy empeñado en enriquecer mi experiencia y los conocimientos adquiridos en incansables jornadas de estudio e investigación científica, en procura de aportar las ideas y procedimientos correctos, para solucionar, con la ayuda de Jehová Dios, casos como el de los Gómez y no saber más de una situación como la de Juancito.

Más aún, desde niño he vivido con alegría y procurando la alegría, tanto así que siempre evito los enfrentamientos o pleitos, particularmente los físicos, al pensar que si con mi tamaño y fuerza alcanzaba a darle un golpe a alguien, lo menos que le iba a causar era un trauma, que quizás le estaría afectando por algún tiempo, esto así porque al ser un niño de aventajado crecimiento, mi madre era una mujer de corpulento cuerpo y mi padre aunque fue siempre, algo, delgado, era bastante alto, de ahí mi corpulencia, de modo que siempre fui más alto y en algunas ocasiones casi el doble de algún otro niño de mi edad.

En otro sentido, en un plano cercano al romance, iniciando con Miguelina, he disfrutado de la compañía y gentileza de graciosas y agradables amigas, en el caso de Miguelina, aunque su mamá y la mía, llegaran a apostar a un acercamiento amoroso entre nosotros, en los tiempos de mi infancia, como niños no estábamos tan afectados o influenciados por esas ideas.

En igual sentido transcurrió mi desenvolvimiento durante el proceso escolar, tanto de primaria, intermedia y secundaria, con relación a esta última etapa, por el hecho de haberlo ventilado con un carácter más público, me referiré a dos casos, el relacionado con Estela Aybar y Rufina, dos excelentes amigas con las cuales disfrute de agradables momentos, Estela, siempre procuró estar cerca de mí, llenándome con su galante romance, el que tímidamente, por lo regular, rehuía y en ocasiones los compañeros de curso, presionaban para que ella fuera mejor correspondida por mi parte, indudablemente entre ella y yo hubo un noviazgo no declarado abiertamente, como lo fue el que se desarrolló entre Rufina y yo, una joven de callado y sereno comportamiento, que al decir de muchos de los amigos y compañeros de curso del Liceo me acerqué para descomponerla, porque verdaderamente ella era una persona que fácilmente pasaba desapercibida en cualquier escenario, aun durante los días de nuestro noviazgo, que prácticamente duró hasta mis últimos días, en el Liceo y Sabana Grande de Boyá, pues recuerdo que una mañana, en visita a la casa de Quique, casa a la que con frecuencia acudía particularmente, porque Mercedes la mamá de él, elaboraba unos helados muy sabrosos, envasados en potecitos de los usados para comercializar, las compotas de niños, hoy siguen empleándose; pues bien, ella, Mercedes, ante mi inminente partida a inscribirme en la Universidad, y conocedora de mi noviazgo con Rufina me preguntó qué pensaba hacer con esa muchacha, y entre cierto titubeo y alarde, le conteste que iba a terminar esos amores.

Y es que sentía que tanto Estela como Rufina, eran ataduras que me podrían impedir el avance en el objetivo que me había trazado, el cual no estaba en mi mente dejar de lograr por nada en la vida, aun el amor de una mujer tan ejemplar y apasionada como sentía y sabia era Rufina, quien siempre desee que una vez diéramos por terminada nuestra relación amorosa, llegara a su vida un hombre digno de ella.

De modo que no soy un hombre lleno de horrores o tormentos, y si hago mención de esas pesadillas del pasado no es porque tenga nada que ver con ellas, sino porque me aflige el alma que llegaran a suceder, cuando eran situaciones totalmente evitables, motivo por el cual procuraré, poner cuanto esté de mi parte, para minimizar la posibilidad de que puedan volver a suceder, y poder seguir saboreando, sin ninguna angustia, de las noches largas, en el Jovial Bar

Club, de los serruchos para el pote de ron, o las caminatas alrededor del parque escuchando las retretas de la Banda de Música Municipal, tratando de dar alcance, para piropear, a una de las bellas muchachas que en la misma o dirección contraria, también lo hacían.

LA UNIVERSIDAD

La realidad es que al final de Septiembre de 1969, yo ingrese al Colegio Universitario, de la Universidad Autónoma de Santo Domingo, universidad del estado dominicano, apenas unos 4 años después de la más reciente invasión Norte Americana, a la República Dominicana, en Abril de 1965, la cual tuvo lugar 4 años después del final del reino de El Benefactor y Padre de la Patria Nueva, Rafael Leónidas Trujillo Molina, quien fue llevado y se mantuvo en el poder por conveniencia del Departamento de Estado de los Estados Unidos, Kennedy, presidente de los Estados Unidos, fue asesinado después de Trujillo.

Trujillo se hizo nombrar Generalísimo, como Francisco Franco, en España, comienza a declinar cuando se mete con la Iglesia Católica y los Obispos. Él se hizo junto a su familia dueño de todas las industrias del país, creó o fundó el Partido Dominicano, constituyéndose en partido único; controló la educación y monto una celosa vigilancia de la frontera con Haití, perpetró la matanza de algo más de 35,000 ciudadanos haitianos que residían en el país, por razón, entre otros argumentos, de color y de idioma, no hablaban bien el español.

Los haitianos de esa época, específicamente, en el año 1935, eran asesinados por los guardias dominicanos porque no podían decir la palabra perejil colorado, correctamente, hoy en día, no los andan matando, pero hay una gran animosidad en la población de las dos naciones, que poco a poco, a ambos lados de la frontera, ha ido propiciando grupos de nacionalistas fundamentalistas, que amenazan unas relaciones armoniosas entre las dos repúblicas.

Trujillo controló el país por un espacio mayor a los 30 años, instaurando una de las dictaduras más crueles y férreas del continente americano, asesinando con la bendición de los Norte Americanos a todos los que trataron de resistir su dictadura, sin embargo, cuando el dictador comenzó a desafiar a sus amos asumiendo una postura nacionalista, los Norte Americanos permitieron o fomentaron el nacimiento de un movimiento para sacarlo del poder, y en Mayo 30, del 1961, a pocos meses del vil y siniestro asesinato, de las hermanas Mirabal y su chofer, ordenado por él, perpetrado el 25 de noviembre de 1960, el tirano recibió el pago completo de sus 31 años de asesinatos y megalomanía .

El ajusticiamiento del dictador Trujillo, produjo inmediatamente una agitada reacción, generando una enorme efervescencia política, al tiempo que retornaban a la nación todos los intelectuales que por razones políticas habían abandonado el país, Joaquín Balaguer, en medio de una fuerte agitación política, fue posesionado al frente del gobierno siendo desplazado, por un golpe de estado encabezado por el jefe de la Fuerza Aérea Coronel Fernando Echavarría, quien dio paso al Consejo de Estado presidido por el Lic. Rafael F. Bonnelly, quien se encargó de organizar las primeras elecciones, libres y democráticas, después de la muerte del Dictador, ganadas ampliamente por el Profesor Juan Bosch, quien en un acto público el 27 de febrero de 1963, tomo juramento de la Presidencia de la República, en el Estadio Quisqueya; durando en el ejercicio gubernamental apenas siete (7) meses, pues fue derrocado, el 24 de septiembre de 1963, mediante un golpe de estado encabezado por el jefe del Centro de Enseñanza de las Fuerzas Armadas Gral. Elías Wessin y Wessin, quien instauro un triunvirato. En los años de la década del 1960, se produjeron grandes sucesos políticos, a través del todo el mundo,

El primer alunizaje del primer hombre, la Revolución Cubana, 1959, la crisis de los misiles con Rusia, la Guerra en Vietnam, los hippies, la Sorbonne, los Beatles, seguido por el Che Guevara, y la elección de Allende, unos años más tarde, seguido por su asesinato, el cual fue también facilitado por el Departamento de Estado de los Estados Unidos.

Un hecho que mucha gente ignora es que en Abril de 1965 los Marines invaden el país, teniendo a su favor una gran porción de la Fuerza Aérea Dominicana y todo el aparato militar del país, en vista de que un sector se sublevo derrocando el gobierno de facto del Triunvirato, reclamando la vuelta a la constitucionalidad, o sea la vuelta de Bosch, y otro que se opuso a esa proclama, contando con el apoyo del gobierno Norte Americano, presidido por Lindon B. Johnson, quien ordenó el desembarco de 42,000 Marines en Santo Domingo, lo cuales eran más que los que habían en Vietnam, a pesar de lo cual, la situación política Dominicana, tampoco fue abiertamente determinada por esa invasión, constituyéndose la capital dominicana en uno de los primeros lugares, donde los Marines Norteamericanos se encontraron con la guerra urbana, la cual hasta el día de hoy sigue siendo uno de los puntos débiles del sistema militar de los Estados Unidos .

Con esta breve y limitada descripción de acontecimientos de la época, procuro presentar un panorama del escenario en el cual comienzo mi educación universitaria.

Unos meses antes de inscribirme en la Universidad Autónoma de Santo Domingo, con mi participación, fue fundada la Cooperativa La Candelaria en Sabana Grande de Boyá y para entonces ya había ahorrado lo suficiente para pagar mi primera matricula de 15 pesos y me sobraron unos cuantos pesos para pagar pasaje y comida.

Me matriculé en la universidad ingresando en mi primer semestre del colegio universitario en Septiembre de 1969, unos meses después de la primera visita humana a la luna, lo cual por sí solo, no hubiese tenido ninguna relevancia, pero sucedió que en ese año, el presidente del país, era el Dr. Joaquín Balaguer, quien llegó al poder por obra y gracia de la maquinaria política de los militares locales y el Departamento de Estado de los Estados Unidos, para representar los intereses de la oligarquía local y los Norte americanos.

Durante esa época la Universidad de Santo Domingo, había obtenido la autonomía pasando a ser denominada Universidad Autónoma de Santo Domingo, como resultado del Movimiento Renovador, que propició además de la autonomía, la salida de los académicos o profesores más conservadores, partidarios del elitismo e ideas retrógradas, quienes se organizaron y obtuvieron el respaldo económico y legal del gobierno del Dr. Joaquín Balaguer, llegando a fundar la Universidad Nacional Pedro Henríquez Ureña (UNPHU).

Sin la universidad, tener independencia económica ni capacidad de tenerla, el movimiento estudiantil universitario, junto a los profesores progresistas, no les quedo otra alternativa que la de las movilizaciones en reclamo de que el gobierno le otorgara los recursos necesarios para cubrir su presupuesto, proceso que por espacio de más de tres años; hasta, aunque no del todo, la promulgación de las llamadas leyes impositivas, consistente en la aprobación de un impuesto adicional a los cigarrillos y las cervezas, esto provocó múltiples incursiones policiales, al interior del recinto académico, causando frecuentes cierres de la universidad, y la muerte de decenas de estudiantes y políticos, conocidos y desconocidos, del pueblo, en casos que nunca fueron aclarados por las autoridades.

De las peores jornadas de lucha, de la época, vivida por la universidad, lo constituyó la desarrollada para la obtención de ese medio millón de pesos, requeridos para cubrir el presupuesto necesario para cumplir la misión básica de su función educativa.

ASCENSO DE BALAGUER
A LA PRESIDENCIA DE LA REPÚBLICA

Antes de ser juramentado oficialmente como presidente, Balaguer había maniobrado, desde las sombras del poder, la mayoría de los años de la dictadura trujillista, moldeando el poder intelectual del dictador, quien era una persona sin educación formal, pero se mantuvo en el poder por más de 30 años, siendo asesinado solo cuando su Egocentrismo y delirio de grandeza, lo hacen sentir que, para mantenerse en el poder, no necesitaba la protección de la fuerza de los norteamericanos.

Al final de la faena, entre los hechos fuera de mi control, los errores que yo cometí como estudiante, como persona y mi lucha para sobrevivir en Santo Domingo, mis estudios universitarios duraron una eternidad.

Sobreviví sin hacer cosas ilegales, sin caer preso, sin ser golpeado por la policía y con la ayuda de mi papá, mi mamá, mi hermana, Doña Cuica y mi determinación de ver el final de esa historia, durante la cual comprobé, lo acertado del refrán dominicano: Con paciencia y calma, se sube el burro en una palma, y aprendí que no hay mal que dure 100 años, ni cuerpo que lo resista.

SAVICA DE MENDOZA

El barrio Savica, resultado directo de los efectos de revolución de Abril de 1965, en Santo Domingo, la cual motivó la segunda intervención Norte Americana, que fue justificada con el argumento de que venían a salvar vidas, solicitada por los militares y el gobierno ilegitimo de la época, avalado por la OEA, para evitar que la República Dominicana se convirtiera en otro país comunista, en el área de influencia de los Estados Unidos, como había hecho Cuba.

La inscripción del primer semestre, en la universidad, costó 15 pesos, lo cual me dejo con 10 pesos en el bolsillo; yo ni mi familia, teníamos medios para pagar o vivir en una pensión universitaria, la persona más cercana era mi hermana quien vivía en la parte este en las afueras de la capital y en dirección hacia la base aérea de San Isidro, en esa época los medios de transportes públicos, eran escasos y más aún, para esa parte de la capital.

El barrio más cercano, era Villa Faro, conocido en ese entonces porque había un Colegio Masónico. La universidad está en la dirección opuesta, y las distancias se hacían más complicadas o difíciles, por el exiguo transporte y mi pobreza.

Normalmente tenía que pedir «una bola» desde la entrada de Savica hasta el Ensanche Ozama, y llegar a tiempo, para poder tomar un autobús de los del transporte universitario, el cual era ofrecido gratuitamente por la universidad, cuando venía, aunque en ocasiones, por algún disturbio o huelga de los choferes, reclamando aumento de salario no llegaba o al llegar ya estaba lleno.

Las clases en el colegio universitario para el primer semestre preferentemente eran en las mañanas temprano, sin tener experiencia ni recursos, me fue bien en el primer

Universidad y revolución

semestre, pero a partir de ahí todo fue un desastre, de manera que, el periodo académico del colegio universitario duro dos años.

Un problema nunca viene solo, si no que la soledad siempre viene acompañada, de más miseria y más problemas.

Para mitigar la situación yo empiezo a alfabetizar niños, en el tiempo que la universidad estaba cerrada, cobrando 25 centavos por 2 o 3 horas, de lunes a viernes, los estudiantes aumentan y eso crea otros problemas, con relación a el de tiempo, para dar clases, y asistir a la Universidad; a pesar de eso comienzo a producir para el pasaje a la universidad y parte de los gastos esenciales para vivir.

Cuando la escuelita crece lo suficiente, y no tengo que ir a clases, me encontraba en una relación marital, con Amada, quien comenzó, a dar clases no tanto a los niños de la escuelita en la tarde sino a los de sexto grado, en la escuela pública, de Savica, en la mañana.

Por impartir las clases de sexto curso, percibía un salario oficial de 100 pesos por mes, el cual compartía con Amada, por su ayuda con la clase, ella a veces trabajaba más que yo cuando la universidad estaba dando clases, ese fue mi primer empleo en el gobierno de Balaguer, gracias a Doña Quica.

Pero la relación no se terminaba ahí y cuando estaba haciendo el tercer año de medicina, Amada dio a luz a Jessie que fue mi primer hijo, él nació de bajo peso, con una malformación cardio pulmonar, resultando en retraso del desarrollo físico e intelectual.

Amada, tenía a Carlos Miguel, quien tenía quizás 8 años en esa época; el no conocía a su papá biológico, y yo fui su mejor ejemplo, de manera que aún ahora, seguimos teniendo una buena relación, de padre a hijo, lo cual es un patético reflejo de mi comportamiento con los niños, porque en mi vida y hasta ahora, los niños que han estado a mi alrededor, cuando yo no tenía nada que dar, muestran un gran aprecio por lo que aprendieron conmigo.

Jessie nació en la clínica Rodríguez Santos, en Santo Domingo, no sé cómo resolví para pagar los gastos médicos; en el país no había seguro médico. Dentro de las estrechas limitaciones que teníamos, le dimos lo mejor que pudimos, él nació un 16 de septiembre de 1976, poco a poco fue creciendo, sufriendo de dolores intestinales crónicos, espasmos musculares, de cuerpo pequeño con retraso de desarrollo intelectual y poco peso.

Con la ayuda de Pilar, Amada, Ramona, Angelina mi mamá pude criarlo, viéndose por un tiempo en una situación muy mala, cuando yo salí del país, a estudiar en Francia, su mamá se fue a trabajar a Italia y Angelina se hizo responsable de él hasta que pudimos traerlo a Francia, para entonces mi relación con Amada, hacían varios años que había terminado.

LA ESCUELA DE MEDICINA

Muchos años antes de llegar a la escuela de medicina, aun cuando ya cursaba el octavo grado, había decidido, estudiar en la universidad, en esa época mi única duda era que iba a estudiar, porque mi imaginación se debatía, entre ser abogado, ingeniero o médico.

La intención de ser un ingeniero fue la que murió primero, porque mi actitud y manera de pensar, por no decir mi cerebro, no funcionan bien en un espacio cuadrado, en el cual lo racional y simplísimamente lógico, sean las únicas posibilidades de confrontar eventos, problemas, o la vida misma.

Quería estudiar y aprender algo, que además de ser racional y científico, me permitiera ser mentalmente libre, manteniendo un espíritu de caos y algunas veces ser organizado, todo lo cual debería tener impacto directo en la condición humana.

Luego decidí ser abogado. No era mi primera pasión porque, en mi mente, no importa lo que fuera, mi interés final era llevar la profesión al máximo de mis posibilidades, lo cual tendría que incluir ser político, A esa edad mi opinión era, y ahora después de viejo sigue siendo que para ser político, se requiere tener la capacidad de mentir en frente de multitudes de personas, mirándolos directamente a los ojos, creando ilusiones falsas, estando consciente de que las cosas que decimos nunca serán parte de la realidad.

Mi estómago tiene problemas, cuando yo tengo que decir cosas sabiendo que son falsas y tienen repercusiones serias para los demás. Esa convicción se unió con mi interés en las ciencias naturales, química, biología y anatomía porque me parecía fascinante aprender más sobre lo íntimo de la condición humana, razonando de esa manera, llegué a donde me encuentro ahora, lo cual naturalmente no quiere decir que no tuve muchos accidentes, y experiencias que sobre pasar antes de poder enderezar el camino, y ver el largo túnel de la vida con la ilusión de que la pequeña reflexión de luz en la distancia era la luz al final del túnel. Sin embargo, ahora sé, que en realidad era el tren grande de la vida que venía hacia mí, y ahora es muy tarde porque estoy a la misma distancia de la entrada que de la salida y el tren está muy cerca.

Debido a la situación política y económica del país, iniciar cualquier actividad con la intención de completar un entrenamiento era más difícil y complicado que el proceso normal, teniendo en cuenta los eventos naturales e impredecibles de la vida, porque entre los políticos queriendo llegar, y defendiendo su posición de poder, se encontraba y se encuentra la gente ordinaria, luchando por la existencia y aspiraciones, tratando de escapar de la realidad que nos rodeaba.

El esfuerzo de mantener la mirada fija en el objetivo, la lucha por la sobrevivencia, y la vida misma cuentan con obstáculos, e inclinan los pensamientos a elegir la primera salida, hacia la vida ordinaria, pero la idea de invertir un poco de tiempo, con la posibilidad de facilitar el resto de la

Graduación mayo 1980. Universidad Autónoma de Santo Domingo.

existencia, siempre me pareció una inversión productiva y más satisfactoria.

Comenzando en septiembre 16, de 1969, llegué a la Universidad Autónoma de Santo Domingo, justo unos cuantos meses después de la primera visita humana a la superficie de la Luna.

Mi primer año fue de estudios generales, el primer semestre me dio la impresión de que tenía el material requerido para completar el plan y me sentí con una abundancia de deficiencia, lo cual fue la causa de mi primer encuentro con el fallo académico, la situación económica, política y personal completaron el cuadro y entre mis errores personales y la situación política del país, una carrera de 7 años la concluí en 9 años; terminé el internado rotatorio, en 1978-1979, y finalmente complete mi tesis de graduación en 1979, celebré la graduación en mayo de 1980.

Para ese tiempo se requería un año de pasantía rural, el cual me llevo a lugares desconocidos y me dio la oportunidad de adquirir experiencia e independencia profesional, la cual ha permanecido conmigo por el resto de mi existencia.

GRADUACIÓN Y PASANTÍA MÉDICA

Acudí a una graduación celebrada en mayo de 1980, donde me dieron un papel en blanco, como anticipación a un diploma grande, diciendo que yo era médico.

Esta ha sido la primera y única graduación que he celebrado, en todos mis años de estudiante, por razones que no tengo claras y no tengo interés en explicar, en particular porque realmente pienso que no son eventos necesariamente importantes.

Junto a mis padres, mayo 1980, en el acto de graduación
en la Universidad Autonóma de Santo Domingo.

Para esa época no había empleos para médicos recién
graduados en los hospitales de las ciudades, porque el
gobierno comenzaba un plan de extensión de la cober-
tura de salud en todo el país y quería mandar los recién
graduados o médicos pasantes a trabajar en los lugares
despoblados, pero aun así había que esperar para obtener una posición.

CRISTÓBAL DE CABRAL, BARAHONA

Me mandaron a Cristóbal de Cabral, un pequeño pueblo, habitado por agricultores y pescadores que nunca habían recibido atención médica en su comunidad, para entonces yo fui el primer médico en la clínica rural existente solo en la imaginación de los políticos, quienes habían prometido a los habitantes de la comunidad una clínica rural, instalada en un paupérrimo rancho de cana y tabla de palma, con piso de cemento, en el que, al llover, adentro llovía más que afuera, pasando en ese local, todo el tiempo que duré en Cristóbal.

Estuve alojado en una casita al frente de la laguna de Cristóbal, la cual es una laguna salada, que tenía en ese entonces muy buenos pescados, tilapias, tortugas y huevos, los cuales solía comprar a los pescadores, en la puerta de la casa donde vivía, y cuando comprobaron que habitualmente compraba sus productos, a quien primero se los ofrecían era a mí.

Machi y yo vivíamos con 350 pesos por mes, pagaba 25 pesos de renta, y mensualmente le enviaba o llevaba 50 pesos a mi mamá.

Mi primera enfermera fue Gloria, quien no era enfermera, pero hasta antes de mi llegada era la única persona en la comunidad que ofrecía servicios médicos.

Los primeros casos en atender fueron enfermedades venéreas, y otras infecciones incluyendo meningitis y complicaciones de parto que no podían ser resueltos por la comadrona, ni tampoco por mí porque los pacientes requerían cirugía obstétrica e histerectomías; pero por lo menos, reconocía el problema y podía enviar los pacientes al hospital general, de la provincia de Barahona, donde si llegaban a tiempo y con suerte podían salvarle la vida.

En Cristóbal experimenté mi primera experiencia con un choque anafiláctico como reacción a una infección de penicilina.

Gloria, mi enfermera, me ayudo a salir con vida de esa experiencia, y al mismo tiempo, también salvar al paciente de manera que la familia no me atacara; también una noche llamaron a mi puerta unos hombres con una escopeta, quienes vinieron a buscarme para ir a ver una niña de unas cuantas semanas de nacida que tenía infección y deshidratación, esa vez yo fui solo con ellos, después de llegar a la casa me dijeron que si la niña no vivía tampoco yo iba a vivir, en ese caso, alguien más inteligente que yo, me ayudó a mantenerla con vida, hasta el día siguiente, cuando pude mandarla al hospital de la provincia, donde luego murió, pero por lo menos yo estoy vivo para recordarme de la historia.

También comprobé los casos relacionados con hermafroditismo verdadero, los cuales son comunes en esa región.

En Cristóbal yo visite el Polo, una loma que era considerada un polo magnético. De Cabral y Barahona, también fui a la frontera con Haití, llevando una mochila con medicamentos para darle a la gente que podía ayudar; los del pueblo me ofrecieron usar uno de sus caballos para que en los fines de semana fuera a visitar los agricultores que estaban más retirados del campito, como siempre mis mejores medicamentos eran medicinas anti parasitarias y la penicilina para tratar enfermedades venéreas.

Duré 3 meses en Cristóbal, de ahí mi jefe regional (Región Sur de Salud) me envió para Enriquillo, municipio de Barahona, el jefe de la región de salud era Ernesto Álvarez, asistido por el Dr. Sansari.

ENRIQUILLO

Ernesto Álvarez, director regional de salud me envió al municipio de Enriquillo en la costa de la provincia

Barahona porque ahí tenían problema con una pareja de médicos graduados de la UNPHU, los Dres. Silva, quienes usaban los recursos públicos de la clínica como si fueran de su propiedad privada y le cobraban a los pobres campesinos para darle medicinas y servicios, por los cuales ellos eran pagados por el gobierno, y debían ofrecerse gratis a la población.

Hice servicio de pasantía en Enriquillo, solo por 3 meses, tiempo suficiente para crear un movimiento en la población, que resultó en la expulsión de los Dres. Silva de la comunidad, después que la población se tiró a la calle, en un moviendo de protesta pidiendo me designaran como director de la clínica comunitaria, porque yo los atendía solo por el salario de 350 pesos, que recibía por mes, sin ningún otra remuneración por parte de los pacientes que eran atendido.

Mi experiencia en Enriquillo también incluye la ocurrencia de una de las tormentas más grande y devastadora que haya presenciado en mi vida, ocasionada por el ciclón Inés, la cual resultó en un completo aislamiento del pueblo, sin tener salida hacia Barahona y menos para la Capital.

Por casi un mes vivimos de los productos agrícolas y la pesca local, la cual no podían trasladar al mercado de la ciudad. Durante ese tiempo, iba con la guardia local a prestar servicio a las personas que no podían moverse, pero el evento que creo de más connotación, fue que un día en la mañana, mientras caminaba por la calle del mercado público, para ir a la clínica, una persona del pueblo tuvo un paro cardiaco, y yo le presté los auxilios básicos, el paciente al salir del mercado con vida fue trasladado al hospital de Barahona, en vista de que el paciente sobrevivió me convertí en un héroe de la comunidad.

BOCA DE YUMA

Duré 6 meses de pasantía en Boca de Yuma, una comunidad pesquera, en la cual la agricultura, el turismo y la prostitución se mezclaban con frecuentes viajes clandestinos hacia Puerto Rico, en una ilusa y desesperada aventura, por encontrar un bienestar económico, para la gente con educación limitada y sin entrenamiento técnico laboral, esas alternativas son fantasías obsesivamente planeadas en busca de alcanzar una mejor condición económica.

Boca de Yuma está a unos cuantos kilómetros de las ciudades de Higüey y La Romana, el evento más popular era un torneo anual de pesca para el cual venían extranjeros los que se unían a los locales.

Mi enfermera era Daisy y la asistente era Carmen. La clínica estaba cerca de la oficina de correo, donde el encargado era el Sr. Méndez, con quien me tome una gran cantidad botellas de ginebra Bermúdez, blanca, una de las peores bebidas alcohólicas que se hayan producido en el país, pero para ese entonces una de las más baratas, lo cual resolvía el dilema sobre qué tomar, que diera los mismos resultados en menos tiempo y más barato.

En una ocasión tomamos tanta ginebra con sal que la borrachera se me complicó con una deshidratación, para la cual Daisy me administro dos litros de suero intravenoso, pero la borrachera fue barata.

Poco tiempo después de llegar a Boca de Yuma, vino el Dr. José M. Soldevilla, a inaugurar una nueva y mejor clínica rural, la cual todavía existe, durante mi tiempo en esa comunidad, continúe tratando una gran abundancia de sífilis en todos los estados, desde primaria, terciaria y de recién nacidos, así como los consuetudinarios parásitos intestinales, y los cuidados prenatales.

Clinica de Boca de Yuma.

Durante mi tiempo en Boca de Yuma, nosotros residimos en un bungalow que normalmente era usado para vacacionar, ahí estábamos Machi, Celia Lory y yo, creo que Víctor Miguel, no llego a vivir en Boca de Yuma, y nosotros salimos de ahí hacia Santo Domingo.

SALIDA DE BOCA DE YUMA
No recuerdo si había terminado la pasantía antes de salir, pero fui a trabajar en el hospital de la Fuerza Aérea en San Isidro, además veía pacientes en mi casa, y en la Clínica Abel González.

Trabajé por casi un año como asimilado militar, hasta que uno de los alistados asistente de la oficina del hospital hizo un reporte de su conversación conmigo durante la cual hablamos de mis estudios en la Universidad Autónoma de Santo Domingo, la cual era considerada la madre de todos los comunistas, en particular de esos que como yo estuvo en la Universidad en la época de la lucha contra el gobierno de Joaquín Balaguer, por la demanda del medio millón de pesos mensuales para el presupuesto universitario.

Fui suspendido de mi posición antes de que naciera Carlos Augusto, en mayo de 1981, trabajé entonces en la Abel González, hasta que viajé de Santo Domingo hacia Francia, en enero de 1982, a estudiar Neurología.

Originalmente el plan era obtener una beca del gobierno francés, la cual era suficiente para cubrir el costo de un cuarto en la ciudad universitaria, un sistema de asistencia, en el cual coincidían los estudiantes extranjeros de todo el mundo, en particular África, francófonos y europeos, el sistema también incluía comedores a bajo precio, soportados por la Universidad de París.

Sin embargo no acepté la beca que me ofrecieron inicialmente, porque era para estudiar cardiología pediátrica, y mi plan era estudiar neurología pediátrica, de manera que antes de salir de Santo Domingo, la fundación APEC me dio 150 dólares al mes, por casi un año, el problema era como hacer llegar el dinero de Santo Domingo a París, de manera que tan pronto me registre en La Sorbonne y me dieron una identificación de estudiante, obtuve permiso de trabajo y tan pronto como aprendí a comunicarme en Francés, comienzo a trabajar como asistente de enfermero, unas 20 horas por semana, lo cual hacia durante los fines de semana, eso pagaba suficiente para los gastos diarios y pequeños ahorros.

Pasantía Boca de Yuma, 1980.

Al mismo tiempo que trabajaba aprendí a hablar, leer y escribir francés suficiente para pasar mi examen de admisión en el programa de certificación de neurología, basado en el hospital de la Salpetriere. El programa tenía una duración de cuatro años, durante ese tiempo trabajé, como interno en neurología, en el hospital Saint Antoine, Psiquiatría y neurología en la Salpetriere y hacia guardia de noche en la unidad de cuidado intensivo neurológico.

De ahí trabajé en el programa de neurocirugía, en el hospital Henri Mondor, en Creteil, en la noche, hacia servicios en un instituto neuro pedagógico con niños afectados con epilepsia, retardo intelectual y enfermedades mentales.

Por más de dos años trabajé como enfermero de noche en el instituto psiquiátrico de Villejuif, el cual era una concentración de pacientes con enfermedad mental severa, criminales y agresivos. Trabajaba de noche e iba a las clases y a los hospitales durante el día, de lunes a viernes, los fines de semana, trabajábamos en la cafetería de La Deutche de La Meurtre.

Como resultado de todo el esfuerzo en unos cuantos meses Machy y Carlos Augusto viajaron a Francia. Conseguí un apartamento más grande en la ciudad universitaria, y Machy y yo comenzamos a manejar la cafetería de la Maison Deutche de la Meurtre en los fines de semana, hicimos eso hasta que paso el tiempo en que yo podía estar en la residencia universitaria, de ahí nos mudamos a un apartamento privado en Creteil, para entonces Celia, Lory y Víctor Miguel vinieron de Santo Domingo, fueron a la escuela y de ahí nos mudamos a Leuisaint donde habíamos comprado una casa, recién construida, con la ayuda de la asistencia social francesa.

Para 1985 comenzamos el proceso de tratar de obtener residencia permanente en Francia, pero entonces y como ahora, Francia ni Europa tienen un sistema definido para que los extranjeros se puedan convertir en residentes permanentes legales, de manera que el proceso nunca tuvo una conclusión.

Al final de 1985 Alcira Minaya, quien me había ayudado a traducir los artículos que usé en mi tesis, me llamó y me dijo que el Dr. William Acosta, MD, a quien yo conocía desde mis años universitarios era neurólogo en los Estados Unidos, viviendo en una población rural, en Pensilvania y quería hablar conmigo.

Lo llame y él me dijo que viniera a visitarlo en Jonestown, PA. Durante esa visita él se comprometió a darme trabajo como su asistente médico, hasta que yo obtuviera los documentos requeridos para ser legalmente reconocido como neurólogo en los Estados Unidos, nosotros tuvimos esa conversación frente a frente en su casa en Septiembre de 1985 y discutimos mi situación y la de mi familia en Francia, de su parte el me prometió que yo solo tenía que venir primero, con su ayuda podría legalizar mi residencia, y estudiar para pasar los exámenes requeridos para poder ejercer como médico, en los Estados Unidos.

En eso, no sabía bien todos los pasos requeridos para que un médico, graduado en el extranjero, pudiera trabajar en los Estados Unidos, creo que Williams Acosta, tenía una mejor idea que yo, pero como dominicanos que somos él pudo haber pensado que sería menos complicado o que de alguna manera él y yo podíamos confundir al sistema, pero la realidad siempre es diferente de como la vemos y el plan estaba destinado a morir antes de nacer.

Cuando volví a Francia, mi mamá me llamo de Santo Domingo para decirme que ella estaba preocupada y asustada por la vida de mi hermano Chago, quien tenía problemas políticos en Santo Domingo.

Resulta que ellos no podían venir a vivir conmigo en Francia, porque no podrían obtener un estado legal y yo no podía garantizar y cubrir sus necesidades, de manera que vi todos esos eventos apuntando en una sola dirección, hacia los Estados Unidos, donde la situación legal de todo el mundo parecía tener un camino más expedito para obtener la legalidad.

Yo regresé a los Estados Unidos, en el invierno de 1986, pensando que tenía un trabajo y un plan, pero cuando traté

Salida de Santo Domingo hacia Francia, 1981

de comunicarme con el Dr. William Acosta, MD, y decirle que estaba listo para comenzar a trabajar, él decidió no hablar conmigo ni decirme que él no podía darme el trabajo prometido, quizás debido a una combinación de los problemas de inmigración y las reglas que yo no conocía con relación a la práctica de medicina en los Estados Unidos.

Así comenzó mi aventura americana. Al final del 1986, vuelvo a Francia y le di fuego al barco cuando regresé a los Estados Unidos en 1987, renuncié a mi trabajo en Francia, no me podía concentrar para pasar los exámenes al final de mi programa, porque no tendría ningún futuro en Francia, debido al desempleo alto, peor para los extranjeros, una experiencia que ya había tenido en mi propio país, al terminar la escuela de medicina, y tenía miedo de repetir la historia; pero como las cosas malas nunca vienen solas, mi hermana me llama de Santo Domingo, para decirme, que ella no iba a continuar cuidando a nuestra madre, porque yo era el único que se había beneficiado de ella haciéndome médico y tenía que volver a Santo Domingo, y sacarla de su casa.

En ese momento, ahora en Nueva York, yo no tenía trabajo ni podía trabajar porque no estaba legal para hacerlo, no hablaba suficiente inglés, para tener comunicación efectiva y no podía regresar a Francia, porque había renunciado de mi trabajo.

Machy se quedó en Francia con todos los muchachos incluyendo a Jessie y me llama para decirme que ella, no los quería en la casa, que yo había ayudado a comprar, porque yo no estaba ahí para cuidarlos.

Para ese entonces ya me había comunicado con mi primo Francisco Violines, mi amigo Nelson Gómez, y aún más importante, con Minerva Vergez quien era residente legal y estaba lista para casarse conmigo y soportarme para obtener mi estado legal permanente, lo cual hubiera resuelto la mitad de mis problemas creando una nueva dimensión de dificultades para el resto de mi familia, en ese momento.

Decidí usar la vía más larga y complicada, al mismo tiempo que no rechazaba completamente su ayuda, Minerva tenía un apartamento, trabajaba en una factoría y fue quien me ayudó a recibir a mi Mamá y mi hermano en los Estados Unidos.

Elías Webster, hijo de mi hermana, me ayudó a pagar el pasaje para traer a Chago y mi mamá, Nelson Gómez, me ayudó por mucho tiempo dándome trabajo en su lavandería mientras, aprendía inglés suficiente, para poder escribir un papel de 250 palabras y obtener una licencia temporal, de maestro de escuela intermedia, trabajando con niños, en una escuela pobre en el Bronx.

Por casi un año fui asistente de investigaciones en el instituto de Neuro Epidemiología de Columbia University, significando una oportunidad única que no pude aprovechar al máximo, debido a mi pobre situación material.

Por alrededor de un año estuve vinculado con el instituto de Neuro Epidemiología de Columbia University, a través de un programa de asistente de investigaciones que no duró lo suficiente para terminar una maestría en epidemiología, pero me ayudó a estudiar inglés, requisito indispensable para obtener la capacidad de poder redactar una composición de 250 palabras para pasar un examen escrito, y obtener una licencia temporal, como maestro de ciencias, para la escuela pública de la ciudad de Nueva York.

Después de varios intentos, alguien me ayudó y pasé el bendito examen. Comencé a trabajar en una escuela en el Bronx con estudiantes latinos y negros pobres del Bronx, mi salario subió tanto como lo ameritaba la condición de nuestras vidas.

Comenzamos con comprar *dry cleaners*, en los lugares pobres del Bronx, con dinero que me prestó Ignacio, el primo de Manuel Aristy, pagamos el dinero y compramos dos más, lo cual era imposible de mantener, en particular sin tener suficiente tiempo ni interés de permanecer en ese tipo de negocio por mucho tiempo. Al final todo se perdió y Elías, mi sobrino, vendió los equipos por piezas para pagar sus deudas de negocios de drogas, y cobrarse por haberme ayudado con el pasaje de Chago y mi mamá.

Trabajé por unos tres años, en educación, al mismo tiempo que, estudiaba con Viterbo Martínez, Andrés Mencía (el master Andy) quien ahora no se acuerda de mí, porque yo no llegué a su nivel social, Francisco Monegro y Olivo, quienes dejaron de estudiar, para pasar el ECFMG, y el TOEFL.

En conjunto con los Dres. Restituyo, Guzmán, Ramón Nanun, Leonte, Ciprián, Belén, Bautista, y Héctor Reyes entre otros, fundamos la Asociación Hispana de Profesionales de la Salud. Mucha gente a colaborado con esa organización que aún sigue vigente y creciendo, con la misión original de ayudar a los profesionales recién llegados a este país (los Estados Unidos).

La idea de formar esa organización nació de la imposición de que, sin importar desde donde llegábamos, no encontramos ningún recurso organizado de orientación y servicios que pudiera disminuir la ansiedad, depresión y el miedo creado por las circunstancias que un recién llegado, sin dinero, que no puede comunicarse en inglés encuentra en los Estados Unidos, en particular a la ciudad de Nueva York, lo cual se puede convertir en el triunfo o la derrota más grande de cualquier persona que no tenga suficiente carácter y determinación para superar los obstáculos que acarrea arribar al triunfo.

Para mi orgullo, y gracias a la tremenda labor del Dr. Aritmedes Restituyo y Diógenes Fermín, la asociación ha funcionado por casi 30 años, siempre con la misión de ser una pequeña luz en las penas oscuras de los profesionales recién llegados a los Estados Unidos.

A través de todos esos años, Restituyo, ha dedicado una gran parte de su vida y recursos sin obtener ni esperar ningún beneficio personal, extendiendo el trabajo hacia Latino América y tratando de ayudar a los que tienen más dificultades a que puedan moverse hacia adelante.

Para muchos profesionales recién llegados, Nueva York es la primera ciudad mayor que visitan y quizás la primera vez que salen de su país. En mi caso, no llegue aquí desde Santo Domingo, si no que había pasado y sobrevivido 7 años en París a donde llegue con 300 dólares, un abrigo, guantes y una carta del Dr. Tolentino dirigida al director del Servicio de Neurología en el hospital de la Salpetriere, el Dr. Paul Castaigne, quien daba los últimos pasos hacia su retiro.

Debo admitir que al salir de Francia nosotros teníamos una situación que nunca soñé podría llegar a alcanzar, éramos dueños de una casa nueva, dos carros y las comodidades que se podían lograr en Francia, y más por un extranjero, con una familia de 7 personas.

Todos mis niños, estuvieron en la escuela en Francia; íbamos de vacaciones de invierno y verano, viajamos por toda Europa y por Francia. No obstante, tenía mucho miedo a la posibilidad de fracasar aquí, porque ya nos habíamos acostumbrado a tener un nivel de vida de un status envidiable, y al mismo tiempo incertidumbre de poder ser derrotado o arrinconado por el sistema norte americano, una lucha que nunca había visualizado, en mi vida.

Con todas esas ideas contradictorias la necesidad de sobrevivir, la ambición de triunfar y el miedo de convertirse en una más, de las personas que son arrastradas por la ciudad de Nueva York, me transformé en un indomable gladiador, creando un escenario adaptado a mis intenciones, de salir airoso, procurando un triunfo no solo individual sino colectivo, en ese sentido idee elaborar u organizar un manual de información, incluyendo en el mismo, informaciones de cómo obtener un mapa de la ciudad para utilizar el *subway* (Metro), direcciones, teléfonos de organizaciones de servicio y como conseguir pequeños trabajos, incluyendo un carro de concho pirata, que fue una de las primeras actividades que realicé.

Primero laboramos en el Bronx Lebanon Hospital, y luego nos reuníamos en mi apartamento, al mismo tiempo que trataba de estudiar todos los días.

Cuando pasé el examen del distrito escolar de New York, comencé a estudiar 7 horas por día, de lunes a viernes y más durante los fines de semana.

La Dra. Esmeralda, nos ayudó cuando estábamos en un local prestado en el alto Manhattan.

Finalmente, al final del 1993, había cumplido con todos los requisitos para legalizar mi estado migratorio, el de todo el mundo incluyendo a Machy y los muchachos, más los documentos educativos de que me hablaron a la llegada, para comenzar mi entrenamiento como médico en los Estados Unidos, el precio fue caro, y el sacrificio largo y doloroso, pero al final entré en la culminación del proceso que nos ha traído hasta aquí.

A pesar de que no pude hacer mi residencia, en uno de los hospitales de Nueva York, porque en esa época el Estado tenía una regulación local que no me permitía entrar, porque había tomado el ECFMG tres veces, tuve que salir del estado, logrando ser aceptado en el George Washington University, hospital en Washington DC, donde hice un año de medicina interna. De ahí llegué al colegio médico de Virginia, donde hice los 3 años de Neurología y un año de *fellowship* en accidentes cerebro vasculares, al mismo tiempo que era profesor asistente de Neurología, hasta que por muchas razones incluyendo quizás falta de orientación en el año 2000, llegué a South Hill, donde he estado desde ese momento, sin saber porque en un pequeño pueblito de la parte sur del Estado de Virginia, cerca de Carolina del Norte.

Soy el primer neurólogo, que vino a trabajar aquí de manera permanente, y más sorprendente aún, es el hecho de que ahora, de nuevo trabajo para el grupo médico, del colegio médico de Virginia, después de 15 años de haber trabajado y creado una práctica independiente.

Durante estos años mi trabajo me ha permitido, buenos y malos resultados, como en todas las cosas de la vida humana, he construido y destruido, muchas cosas, aunque siempre con intención de ayudar, a alguien con más problemas que yo en un momento en particular.

La satisfacción de lograr estabilidad social, económica y emocional puede consumir toda la vida, y a veces hasta desviarnos del verdadero objetivo y desvanecernos en la ruta, pero con buenos o malos resultados, y errores. Son mis errores y no puedo culpar a nadie por ellos, aunque si, a mí mismo, no con la finalidad de derrumbarme o justificarme, sino para evaluar las causas y procurar las soluciones correctas, siempre empeñado en dejar las pertinentes orientaciones, de modo que puedan servir de ayuda a otros, que puedan llegar a transitar iguales problemas.

En toda esta aventura tengo el consuelo de que aunque mi plan original era de ayudar a la gente en la República Dominicana, y nunca se me ocurrió pensar que podía hacer lo mismo en un país desarrollado, quiero creer que he encontrado múltiples ocasiones en las cuales mis esfuerzos han servido, consolidando mi idea original, de ayudar a una persona, aun sea desconocida, de manera que puedo mirar hacia el final de mi vida, con la idea, de que el tiempo que he pasado en la superficie de la tierra no solo ha sido bueno para mí, sino que también he colaborado con otros, y que he contribuido a una mejor convivencia, ayudando a la estirpe humana, tanto como me ha sido posible.

En el camino, desde allá hasta aquí, y los desvíos en el medio, he dejado muchas cosas, he pagado el precio de la inexperiencia, mi ignorancia y el dolor de completar el plan.

Sé que no recuerdo todos los detalles, ni le he dado crédito a todo el mundo, tampoco quiero poner la culpa en nadie, simplemente estoy tratando de escribir lo que recuerdo, y de la manera en que lo recuerdo.

Si pudiera discutir la historia con los otros participantes, quizás fuera más precisa, pero esta es mi historia y como la veo en este momento.

Machy, Celia, Víctor Miguel Lory, Jessie, Carlos Augusto y más tarde Moses, Minerva, Nelson Gómez, Violines, son los nombres que tengo más frescos en mi memoria.

En mi mente nadie debe nada a nadie, al menos que no quiera deberle, y las acciones son responsabilidad de los autores.

Esta es la historia que recuerdo desde allá hasta aquí, y las vueltas en el medio de la historia.

Como siempre la pregunta es cual hubiese sido la historia, si todo hubiese sido diferente, no tengo la respuesta, ni estoy preocupado por saberla.

Con frecuencia los humanos pensamos que no tenemos suerte o que la vida nos trata de manera injusta, pero si recordamos que cuando entramos a este mundo lo hacemos desnudos con las manos cerradas y los ojos abiertos quizás sería más fácil recordar que nadie nos prometió nada y mucho menos nadie nos debe nada, Lo único que tenemos es el potencial de trasformar el tiempo que transcurre desde el momento de nacer hasta el momento de morir, en algo que pueda considerarse de utilidad para la estirpe humana.

Muchos de nosotros pasamos la vida destruyendo todo lo que encontramos en nuestro camino sin tener en cuenta quien dedicó tiempo en pensar, construir y mantener lo que destruimos, incluyendo nuestra propia vida.

Como humanos, nos consideramos inteligentes, potentes, superiores y algunas veces invencibles; cuando la realidad es que somos una de las especies más complejas, que existe por un increíble corto tiempo, somos más frágiles que la mayoría de las criaturas que nos rodean, y requerimos más cuidado que muchos otros organismos vivientes.

Comparados con la inmensidad del universo, que nos rodea, nuestra vida es tan corta que no nos permite viajar a ninguna otra galaxia y retornar con vida para contar la historia, peor aún, cuando queremos mejorar las cosas que encontramos en el mundo, muchas veces el esfuerzo nos da resultados negativos y ni siquiera tenemos la capacidad de poder predecir nuestro propio futuro.

En mi caso, pensaba realizar mi plan original, de regresar a Santo Domingo y trabajar para contribuir con la Sociedad Dominicana, con la cual sentía tener una deuda moral, social, política y cultural, pero entonces las circunstancias y los hechos, me obligaron a desarrollar las acciones de otra manera, como nunca imaginé llegara a suceder, lo cual solo con los años, he llegado a aceptar, aunque nunca lo he podido entender completamente, no importa cuánto he tratado de explicármelo a mí y a los demás.

Mi explicación cambia cada vez que trato de entender las razones de como mi vida llegó hasta aquí; como una manera de consolarme, pienso que ahora, mi contribución a la República Dominicana puede ser más significativa, con la experiencia adquirida, durante los años que he vivido fuera de Santo Domingo, de no haber salido del país, por todo este tiempo, tampoco hubiese tenido la vida que he logrado.

Mirando hacia atrás, a los años y experiencia de mi vida, estoy convencido de que mucho de lo que he obtenido, se debe a los eventos de los primeros 8 años de mi educación escolar, de manera particular a mi clase de octavo grado, cuando tenía de trece a catorce años de existencia, más que nada, en particular a la gran mayoría de los estudiantes de ese curso, quienes en un gran porcentaje han alcanzado relevancia social en la sociedad en que existen, siendo buenos ciudadanos, sin importa el nivel social en que estén ubicados, sea como profesionales, políticos, negociantes o simple miembros de familia.

El común denominador de la experiencia de la vida, de ese grupo, fue el hecho de que tuvimos a Ramón Ismael Hernández Flores, y todos los otros maestros de nuestros años escolares, en Sabana Grande de Boyá.

Aunque parezca extraño, yo nunca vi a nadie fumando sustancias legales o ilegales, no teníamos teléfonos celulares, el internet no existía y había muy pocas televisiones.

La sustancia más fuerte, que yo he consumido voluntariamente, en mi vida, es alcohol y solo porque he tenido unas cuantas intervenciones médicas, he ingerido percocet, por un gran total de 2 tabletas, en momentos separados, por gran tiempo, uno del otro.

CONCLUSIÓN

Este relato tiene el propósito de servir para preservar la memoria de los eventos salientes de la existencia que me ha traído hasta donde estoy.

Yo no pretendo que esto sea una historia heroica, sino simplemente un relato de eventos que se han mantenido en mi memoria hasta este momento y como sé que con los años podemos dejar de ser quienes hemos sido, cuando perdemos la memoria, decidí usar este tiempo para poner mis recuerdos por escrito para ayudarme a recordar cuando me convierta en demente.

Con los años he aprendido que los milagros suceden cada día, cuando tenemos la habilidad de abrir los ojos y saber quiénes somos, el resto, y lo que hacemos con el tiempo depende de cada uno de nosotros.

Los triunfos y los fracasos son relativos y dependen de lo que esperamos o creemos que debemos alcanzar, sin embargo, reconocer que el simple hecho de tener el préstamo de la vida y el regalo del tiempo son eventos gratuitos que nos provee el gran creador dándonos la oportunidad de poder aportar algo constructivo a la familia humana a la que todos pertenecemos.

Admito y reconozco que no le corresponde a ningún ser humano bajo el sol controlar o dirigir sus pasos sin el permiso de quien nos regala la vida, por eso yo doy gracias a todos los seres humanos que he tenido el privilegio de encontrar en camino hacia el final de mi existencia, a los que ayudaron y a los que no ayudaron, tanto como a los que han tenido intención de acortar mi tiempo sobre la faz de la tierra.

El tesoro más precioso del mundo es el tiempo, el cual no podemos fabricar ni destruir. Todos tenemos una fecha de vencimiento, pero como la etiqueta está en la espalda, muchos pensamos que no existe, o nos creemos invencibles.

Mi mayor deseo y satisfacción es lograr motivar, aun sea una sola persona que lea este relato, a lograr algo constructivo con el tiempo de su existencia. El amor es más poderoso que la fuerza de gravedad. El amor nos levanta a enfrentar la vida, la fuerza de gravedad nos empuja hacia abajo. PIENSA.

CONTENIDO